天符經

仙人들의 숨결

하늘에서 빛이 내려오니
근본으로 돌아가는 길이 열리다

天符經
仙人들의 숨결

운곡 남창현 **지음** / 모두출판협동조합(이사장 이재욱) **펴냄**
초판인쇄 2022년 8월 16일 / **초판발행** 2022년 8월 23일
디자인 김남호 / **ISBN** 979-11-89203-33-7(03150)

ⓒ남창현, 2022
modoobooks(모두북스) 등록일 2017년 3월 28일 / **등록번호** 제 2013-3호/
주소 서울 도봉구 덕릉로 54가길 25(창동 557-85, 우 01473)/
전화 02)2237-3301, 02)2237-3316/ **팩스** 02)2237-3389/
이메일 ssbooks@chol.com

*책값은 뒤표지에 씌어 있습니다

天符經
仙人들의 숨결

운곡 남창현 지음

모든 사람의 모두(冒頭) 가치를 지향하는 협동조합출판사

|추천의 글|

운곡 남창현의 천부경 출판에 즈음하여

운곡 남창현은 나의 오랜 벗이다.

내면 깊이까지 모든 것을 다 알지는 못해도 40년 지기로서 많은 부분에 접점이 있고 공유하는 정신세계도 있다고 믿고 있다. 운곡은 본래 미술학도로서 예술세계로 입문한 달란트(talent)가 특출한 사람이다. 미술계의 많은 인재를 배출한 홍익대학교 미술대학출신이다.

운곡은 디자인이라는 분야에서 생애의 대부분을 보낸 전문가이다. 디자이너라는 직(職)의 특성은 작가의 타고난 본질로서의 자질과 창의성을 스스로를 위해 쓰는 순수 예술가들과는 달리 타인이나 세상의 상대적 존재를 이해하고 그들을 위해 최상의 가치만족을 창출하고자 하는 이타적(利他的) 마인드가 기본인 '배려의 예술가'라고 할 수 있다.

디자인은 천부적 재능과 습득한 기술을 활용하여 생산적 효율성을 제고하려는 영역이라기보다는 작가의 본질을 충분히 내면으로부터 인출하여 자신이 아닌 타인의 입장이나, 타인의 잠재된 내면 욕구를 찾아내려고 애쓰는 숨은 노력이 선행되어야 하는 직(職)이라 할 수 있는데, 평생을 이런 식으로 자신의 역할을 해온 운곡의 기본 태도와

마인드는 자신의 직무에 대한 개념이해와 결합하여 타인, 혹은 고객을 만족시켜야만 직무가 완성되는 치열한 경쟁세계를 거치면서 단단한 내공을 쌓을 수밖에 없었다.

따라서 겉으로 드러난 작업의 결과이전에 과업을 대하는 배려의 마인드가 얼마나 넓고 깊게 자리하는가에 이미 승부가 결정되는 직무를 꽤 오랫동안 해왔기에, 이런 내공으로 또 다른 분야에 천착한다면 어떠하겠는가?

일반적인 탐구노력으로가 아닌 과제의 본질, 과제가 처한 입장 그리고 그 내면의 비밀스런 솔루션의 구조까지 파악하지 않으면 원하는 결과 즉 고객이 만족할 가치가 창출될 수 없다는 것을 잘 알고 있는 사람은 그 분야의 핵심을 보다 적절히 원천적으로 찾아낼 수 있는 눈과 의지를 가질 수밖에 없다는 것을 어렵지 않게 유추할 수 있다.

나는 운곡이 언젠가부터 디자이너로서의 역할을 더 이상 지속하지 않게 되면서 소설가로서 작품쓰기에 매진하고 있는 것을 지켜보았다. 작가의 창의성과 자신의 필력(筆力)을 교직(交織)하여 나만의 스토리를 만들어 내는 과정이 매우 어려운 것이 창작의 세계이다. 그래서 상당기간의 습작이나 학습이 요구된다.

그럼에도 운곡이 꽤 놀라울 정도로 탄탄한 구성력을 가지 흥미롭고 재미있는 스토리텔링을 완성하고 있는 것을 보며 감탄한 적이 있었다. 단지 이야기를 상상과 창의력으로 만들어내는 것이 아니라 매우 정교하게 다양한 소스(source)로부터 지식과 정보를 수집하고 분석

통합하며 지적인 노력이 요구되는 새로운 유형의 소설을 써내는 것을 보고 타고난 작가적 천재성이 있었나 싶었다.

그러던 중 운곡이 새로운 분야에 대해 관심을 가지고 연구에 몰두하고 있다는 것을 알게 되었는데, 그것이 '천부경(天符經)'이라는 것을 알고 놀라움과 더불어 매우 반가운 마음을 갖게 되었다.

실은 천부경을 그저 이름만 듣고 알 뿐이지 어떤 것이며 그 내용과 내포된 뜻이 무엇인지 잘 모르는 나의 입장에서, 한편으로 나의 호기심을 채워 주거나 그것의 윤곽이라도 알게 해줄 듯 하여 다소의 기대감만을 가질 뿐이었으나, 틈틈이 알아보니 천부경은 놀랍고 대단한 경전이라는 것을 알게 되었고, 우리가 소홀히 하며 지냈거나 망각하고 있던 민족적 태생의 근거와 그로 인해 갖게 될 민족의 존귀함과 자존감을 북돋워 주는 거대한 역사문화의 유물이라는 것에 생각이 미치니 이 작업의 가치를 미리 알고, 이의 바른 해독에 뜻을 세워 연구를 시작한 운곡의 노력에 찬사를 보내게 되었다.

비록 우리가 첨단과학을 중심으로 그 어느 때보다 미래지향적 세상에 대한 기대가 큰 4차 산업혁명의 시대를 살고 있다고 해도 인간의 근본은 변함없는 것이며 그 근원과 뿌리는 현재의 모든 생명체의 핵심이라는 것을 누구도 부정하지 않고 있는 것은 다행이라 하겠으며, 결국 수천 년, 수만 년을 산다 해도 인간은 핵심적인 근원과 질서를 벗어나지 못한다는 것은 변함없는 법칙이요, 원리인 것이다.

천부경이 결국은 인류에게 그리고 우리 민족의 후손들에게 전하며 가르치고 있는 교훈과 내용은 무엇인가? 우리가 그간 문명화라 일컫는 다양한 방법과 과정을 터득하고 거치는 동안에도 가장 중요한 원리만큼은 배우고 존속하길 원하며 교시하고 강조하였다고 할 수 있는데, 정작 우리는 그것을 잘 인지하지도, 그 내용에 따라 살지도 못한 채 무수한 시간을 보냈었던 안타까움이 있었다.

또한 그 긴 세월의 공백기를 거치는 동안 혹시라도 소통의 문제가 발생하여 그 소중한 선조들의 가르침을 망각하고 한없이 어리석은 세계에 갇혀 지냈다면 더 어떻게 해볼 도리조차 없게 될 수도 있었는데, 다행히 극단적인 상태까지는 나아가지 않았지만, 많은 이들이 천부경의 존재와 가치에 대해 무지할 정도로 이해도가 낮다는 안타까움이 있다. 나아가 천부경이 내용의 본질과 핵심을 파악하기 어려울 정도로 숫자의 나열과 같은 기호적 표현으로 인한 상징성은 그만큼 해독의 여지가 넓다는 문제점이 있었다고 하겠다.

아무튼 이런 특성으로 인하여 그동안 천부경이 다양한 해석과 해설이 난무하였으며, 이해하기가 곤란할 정도로 난해하다는 느낌을 주기도 하였다. 이는 분명 천부경을 대하고 해독하려는 사람들이 자신의 인식과 지식체계를 기반으로 자신의 관점에서 해독을 시도함으로써 스스로의 오류에 빠지게 된 탓도 있을 것으로 이해가 된다.

반면에 천부경의 존재와 쓰여진 배경 등 천부경 그 자체에 초점을 두고 해독을 시도하려 한다면 기존과는 다른 해석이 가능하였을 것으로 여겨지는데, 이런 맥락에서 운곡 남창현이 해석한 천부경은 자신의 지식과 인식체계로부터 출발하기 보다는 천부경의 존재와 실존

적 의미에 대해, 그 내면의 이유와 배경을 파악하려는 상대적 관점으로부터 출발하고자 한 것이 기존의 여타 천부경 해설과의 차별점이라고 여겨진다.

　실제로 운곡의 천부경은 기존의 천부경과는 다른 해석을 제시하고 있다. 이는 천부경의 존재이유, 책의 목적과 개념을 제대로 파악하지 않으면 누구도 이해하기 어려운 내용이 될 수밖에 없는 구조에 대한 역발상적 관점이라 할 수 있는데, 천부경은 이의 생성 당시에 어떤 목적으로서 존재하게 되었고, 그것을 통해 이루고자 한 의도가 무엇이었는지에 대한, 한편으로는 매우 간단한 부분에 대한 의문을 풀어낼 수 있다면 오히려 명확하고도 간결하며 신비하게만 여겨지는, 81개의 글자로 된 천부경의 비밀의 문을 열수 있게 될 수도 있을 것이다.
　나는 이런 기대를 이번에 운곡 남창현의 천부경이 부응해 주고 있다고 생각하고 있다. 따라서 조심스럽지만 기존의 어떤 저작의 천부경보다 획기적이면서도 통쾌하게 우리의 내면과 정신세계의 흐름을 순탄하게 열어줄 수 있게 될 것을 믿으며 이런 점을 강조하고자 한다.

　　　　　　　　　　　2022. 07. 13. 강화석(시인, 작가, 경영학 박사)

| 책머리에 |

천부경을 어떻게 해석하고 이해할 것인가?

　천부경이 만들어진 것은 9,000년 전 환인시대다. 구전으로 내려오던 것을 배달시대 신지 혁덕이 녹도문으로 기록했고, 신라 최치원이 한문으로 풀어 묘향산 석벽에 새겨[刻] 놓은 것을 계연수가 발견해 오늘날 전해지고 있다.

　세상에서 가장 난해한 경전이라 불리며 천부경이 풀리지 않았던 이유는 전체 경문 81자 중 31자가 숫자로 표기되어 있기 때문이다. 수(數)는 영겁이 흘러도 변하지 않는 우주의 언어로 이 수의 의미를 풀지 못하면 천부경 속에 숨겨진 진의를 절대 파악할 수가 없다.

　천부경이 풀리지 않았던 또 다른 이유는 3차원의 눈으로만 바라봤기 때문이다. 일신이 삼신으로 내려와 작용하는 우리 몸에는 기(氣)라는 기운이 작용하고 있다. 氣는 선도(仙道)를 수행할 때 나타나는 현상으로 3차원의 시각으로는 절대 이해할 수 없기 때문이다.

　또한 천부경을 풀려는 사람들이 한결같이 주역에 매달려 그 의미를 찾으려 했기 때문에 진의를 풀어낼 수 없었다. 천부경은 한민족 고유의 정신문화유산이다. 그런데 그 의미를 중국의 사상인 주역으로 풀려고 하니 풀리지 않았던 것이다.

마지막으로 천부경이 미궁에 빠졌던 이유로 한 가지 덧붙일 것은 옛 선조들은 삼일심법(三一心法)이란 선도수행을 통해 신과 소통하였는데, 고조선 이후 도맥(道脈)이 끊기며 선법도 사라졌기 때문이다.

  삼일심법이란 일신이 삼신으로 내려와 작용하는 삼진(三眞)을 닦아 다시 일신으로 돌아가는 선도의 수행과정을 단계별로 나타낸 것으로 천부경의 숫자와 밀접하게 연관되어 있다. 따라서 이 삼일심법을 모르고서는 당연히 천부경을 이해할 수 없다.

  천부경의 현상은 기(氣)다. 氣는 한민족 고유의 선도문화로 천부경은 氣의 현상을 체계적으로 보여주고 있다. 따라서 천부경을 이해하기 위해서는 氣의 현상을 이해해야만 한다.

  우리 몸속에서 일어나는 氣는 공간에 대한 저항 없이 일어나고 있다. 엄마 뱃속에 있는 어린아이들은 피부를 통해 호흡을 한다. 우리가 목욕탕에 들어갔을 때 답답함을 느끼는 것도 호흡세포가 살아있기 때문이다.

  보통 숨을 쉬면 공기가 호흡기를 통해 폐로 전달되지만, 심법으로 숨을 쉬면 자연의 기운이 호흡세포를 통해 아랫배까지 전달된다. 이것을 가리켜 숨결이라 한다. 천부경은 바로 이 숨결을 다스리는 방법을 알려주고 있다. 이를 알고 있던 옛 선조들은 천부경을 통해 영성을 회복해 무병장수의 삶을 즐기다 귀천했던 것이다.

  선천시대는 영성(靈性)문화의 시대로 천부경 81자 속엔 인간이 어떻게 영성을 회복해 하늘에 오르는지 함축적으로 설명해 주고 있다. 그 과정이 81자 속에 함축되어 있는 만큼 뜻 자체가 신비하고 오묘할 뿐만 아니라 이 숫자를 어떻게 풀이하느냐에 따라 다양한 해석이 나올 수 있다. 그렇기 때문에 필자 또한 천부경을 풀이함에 있어 3가지 원칙을 세웠다.

첫째, 일관성이다. 천부경은 81자 중 31자가 숫자로 표기되어 있는 만큼 1부터 10까지의 수가 본문과 함께 일관되게 풀이되어야 한다.
둘째, 객관성이다. 천부경은 전 세계적으로 수많은 사람에 의해 연구되고 있다. 따라서 철저한 고증을 통해 모두가 공감할 수 있어야만 한다.
셋째, 경험이다. 필자는 옛 선조들의 숨결인 삼일심법(三一心法)을 복원해 천부경과 함께 제시하고 있는데 판단은 독자의 몫이다.

필자는 전통적인 역사나 철학을 공부한 사학도가 아니다. 그렇기에 오히려 편견과 제도의 틀에 얽매이지 않을 수 있어서 천부경을 풀어낼 수 있었지 않았나 싶다.
필자는 본래 미술학도였다. 광고회사에 근무하던 중 88올림픽을 계기로 기획된 한 전자회사의 테크노 시리즈는 한 마디로 충격이었다. 붓과 도화지에 의존하던 시절 모니터로 구현되는 컴퓨터의 세계에 문화적 충격을 받고 도미(渡美)했던 게 1990년 2월이었다. 그리고 3년 후, 컴퓨터 2대를 들고 귀국해 디자인 회사를 설립하고 컴퓨

터그래픽 1세대를 이끌었다.

그러던 필자가 불혹의 나이로 접어들며 관심을 가졌던 것이 불교의 선(禪)이었다. 독실한 불교신자였던 아내의 운전수 노릇을 하다가 인연을 맺게 되었던 것이다.

처음엔 경내나 거닐며 소일거리 삼던 필자가 법당 문 너머로 들어간 것은 불교의 선(禪)에 대한 호기심 때문이었다. 본격적으로 선(禪)에 관심을 갖기 시작했지만, 머릿속은 오히려 온갖 번뇌망상(煩惱妄想)만 가득하고, 떨치지 못할 바엔 차라리 붙들고 늘어짐으로써 극복하고자 했던 경계인이었다.

결국 필자는 단기 출가를 결심하고 5대 적멸보궁을 순례하기 시작했다. 그리고 설악산 봉정암에서 철야정진 중 기연을 통해 사리탑의 정기를 내려 받는다. 밤새 신묘장구대다라니를 염송하며 무아에 들었을 때 부처님의 사리탑에서 쏟아진 거대한 빛줄기가 몸속으로 파고들었다. 그 빛은 기(氣)의 빛줄기였다.

그러면서 자연스레 동양의 정신문화인 기(氣)의 세계에 관심을 갖게 되었다. 하지만 기존의 수련원에서 하는 방식으로는 내 몸 안에 일어나는 기(氣)의 현상이나 변화들을 명확하게 밝힐 수가 없었고 궁금증은 더해만 갔다. 결국 선조들의 심법을 찾아 문헌을 뒤지던 중 발견한 것이 천부경이었다.

필자는 천부경을 처음 접하는 순간 눈앞에 광명(光明) 대해(大海)가 열림을 느꼈다. 천부경의 현상은 바로 기(氣)였던 것이다.

그리고 천부경을 연구하면서 보낸 7년은 필자에게 또 다른 기연을 가져다주었다. 수행을 쌓아가던 중 나타난 원신(元神)과의 조우, 그 후 풀리지 않던 현상들이 명상에 들면 누군가 속삭여 주는 것 같았다. 천부경을 풀었지만 내가 푼 것이 아니었다.

우리 한민족 고유의 정신문화 유산인 천부경이 마침내 세상에 모습을 드러내게 되었으니 어찌 경사가 아니겠는가. 이제야 마음의 무거운 짐을 내려놓게 되었으니 다행이다.

끝으로 천부경 출간에 기꺼이 추천의 글을 써준 나의 오랜 벗 강화석 박사와 출간을 도와준 오랜 지인이자 같은 길을 걷는 도반인 구산 박정래 교수 그리고 생을 함께 공유하며 선(禪)의 세계로 길을 열어준 아내 이정순에게 사랑한다는 말과 함께 감사의 마음을 전한다.

2022년 7월
운곡 남창현

|차 례|

추천의 글 / 운곡 남창현의 천부경 출판에 즈음하여 4
책머리에 / 천부경을 어떻게 해석하고 이해할 것인가? 9

제1장 天符經 이해하기

  1. 천부경 어떻게 풀렸나? 18
  2. 천부경은 신교(神敎) 문화 25
  3. 천부경은 어디서 왔나? 33
  4. 인류 최초의 문명 홍산문화 40
  5. 고조선 삼한관경제(三韓管境制) 45
  6. 천부경은 동서양 문명의 산실 51
  7. 한민족 역사는 왜 부정당해 왔는가? 58

제2장 天符經 주해

천부경 68
삼일심법(三一心法) 70
1. 一始無始一 72
2. 析三極無盡本 78
3. 天一一地一二人一三 85
4. 一積十鉅無匱化三 91
5. 天二三地二三人二三 96
6. 大三合六生七八九 100
7. 運三四成環五七 107

8. 一妙衍萬往萬來 用變不動本　115
9. 本心本太陽 昂明人中天地一　118
10. 一終無終一　121

제3장　天符經에 따른 선도수행

천부경은 선인의 道　126
1. 개벽(開闢)　133
2. 진화(進化)　136
3. 순환(順換)　139
4. 유통(流通)　143
5. 천주(天珠)　151
6. 타동(打動)　154
7. 지주(地珠)　158
8. 인주(人珠)　161
9. 태주(太珠)　167
10. 합일(合一)　171

부록 / 삼일신고(三一神誥) 366자

글을 마치며

# 제1장 天符經 이해하기

1. 천부경 어떻게 풀렸나?

천부경을 익혀 도를 이루는 것은 대단한 인내를 요구한다. 본래 인간은 영적인 존재였다. 그러나 어느 때부터인가 물질이 발달하며 생활이 윤택해지고 편안해지자 사람들은 신교(神敎)의 가르침인 수행을 멀리하여 차츰 선도의 맥이 끊기며 수행법도 사라지게 되었다.

은나라의 복희(伏羲)는 천부경의 요결을 바탕으로 팔괘를 그렸고, 주나라 때는 64괘로 우주의 원리를 설했으며, 전국시대에 이르러 음양오행 사상으로 발전되었다. 또한 인체의 맥을 다룬 부도(符圖)는 침술과 의술로, 호흡법인 식(息)은 기의 흐름을 이용한 기공(氣功)과 호신술로 발전하였다. 이렇듯 천부경은 차츰 본래의 목적에서 벗어나기 시작하여 신교의 가르침인 천지광명의 도(道)와 조화신성의 모습을 찾아볼 수 없게 되었다.

도맥(道脈)이 사라진 암흑기를 거치며 우리 민족의 수난도 시작되었다. 고려 때 몽고의 침입으로 강토가 유린되자 이암은 이렇게 통탄했다.

오호통의 부여 무부여지도연후 한인입부여야
嗚呼痛矣 夫餘 無夫餘之道然後 漢人入夫餘也

고려 무고려지도연후 몽고입고려야
高麗 無高麗之道然後 蒙古入高麗也

약기시지제선 이부여 유부여지도즉 한인귀기한야
若其時之制先 以夫餘 有夫餘之道則 漢人歸其漢也

고려 유고려지도즉 몽고귀기몽고야
高麗 有高麗之道則 蒙古歸其蒙古也

아, 슬프구나! 부여에 부여의 도가 사라진 후에 한나라가 부여에 쳐들어왔고, 고려에 고려의 도가 사라진 후에 몽고가 고려에 쳐들어왔다.
만약 그 당시에 미리 제정된 부여의 도가 있었다면 한나라는 한나라로 쫓겨 가고, 고려에 고려의 도가 살아 있었다면 몽고는 몽고로 쫓겨 갔을 것이다.

앞서 보았듯 천부경을 담은 선도의 수행법은 고조선 이후 쇠락했다. 그러다 고구려 을파소와 을지문덕에 의해 그 모습이 드러났다. 을파소는 신교의 계율을 정리하였고, 을지문덕은 삼도(三途) 18경계를 정리한 것으로 봐서 고구려 시대까지만 해도 무인들을 중심으로 선도수련을 해왔음을 알 수 있다. 그나마 그것마저도 고구려의 멸망과 함께 사라지고 말았다.

선도의 맥(脈)이 끊긴 2,000년 동안 우리 민족은 세계에서 가장 많은 외침을 당하며 시련을 겪어야 했다.

이제 새천년을 맞아 후천의 시대가 열리며 천부경도 깨어나기 시작했다. '천부경이 깨어나기 시작했다.'고 하는 것은 세상에서 가장 난해한 경전으로 2,000년 동안 신비에 쌓여 있던 천부경이 중국 요령성과 우하량 일대 유적지에서 홍산문화로 명명된 유물들이 대량으로 발굴됨에 따라 배달이나 고조선이 신화가 아닌 고도의 문명을 가진 고대국가였다는 사실이 밝혀짐으로써 천부경이 다시 주목을 받으며 그 실체가 드러나고 있기 때문이다.

필자가 처음 접한 천부경은 계연수가 묘향산에서 발견한 묘향산 석벽본이다. 며칠 동안 뜻풀이를 해봤으나 어려운 한자가 없음에도 불구하고 난해하기 짝이 없었다. 그동안 천부경은 많은 사람들에 의해 저술되었을 뿐만 아니라 유튜브로 강의도 이뤄지고 있지만 본질을 제대로 파악하고 풀이된 것은 하나도 없었다.

천부경을 제대로 알려면 우리의 고대사와 삼신사상에 따른 신교문화를 알아야 하는데 다들 우리의 고대사를 부정하고, 고대의 기록을 중국사관에 맞춰 위서로 몰아 폄훼하니 본질을 제대로 파악할 수 없었던 것이다.

그러던 중 또 다른 이본인 농은 유집본을 구할 수가 있었다. 비교해 보니 묘향산 석벽본과 농은 유집본 사이엔 네 글자가 다르다는 것을 알 수 있었다. 그런데 바로 이 네 글자가 천부경의 비밀을 풀 수 있었던 열쇠였던 것이다.

첫 번째 단초가 된 것은 여섯 번째 구절인 묘향본의 大三合이 농은

묘향산 석벽본, 태백일사본	
원문	독음
一始無始一 析三極無盡本 天一一地一二人一三 一積十鉅無匱化三 天二三地二三人二三 大三合六生七八九 運三四成環五七 一妙衍萬往萬來 用變不動本 本心本太陽 昂明人中天地一 一終無終一	일시무시일 석삼극무진본 천일일지일이인일삼 일적십거무궤화삼 천이삼지이삼인이삼 대삼합육생칠팔구 운삼사성환오칠 일묘연만왕만래 용변부동본 본심본태양 앙명인중천지일 일종무종일

농은 유집본	
원문	독음
一始無始一 新三極無盡本 天一一地一二人一三 一積十鉅無匱從三 天二三地二三人二三 大氣合六生七八九 衷三四成環五七 一妙衍萬往萬來 用變不動本 本心本太陽 昂明人中天地一 一終無終一	일시무시일 신삼극무진본 천일일지일이인일삼 일적십거무궤종삼 천이삼지이삼인이삼 대기합육생칠팔구 충삼사성환오칠 일묘연만왕만래 용변부동본 본심본태양 앙명인중천지일 일종무종일

본에선 大氣合으로 쓰였다. 필자는 이 차이를 오류가 아닌 해석에서 오는 견해차로 봤다.

　천부경은 환국시대부터 구전으로 내려오던 것을 신지 혁덕이 녹도문자로 처음 기록한 후 시대에 따라 갑골문자와 전서로 기록되었다. 신라의 대학자인 고운 최치원도 이를 토대로 묘향산에 한문으로 새겨 놓았던 것이다.

　갑골문자나 한문은 모두 상형문자다. 상형문자는 뜻글자로 이러한 글은 번역하는 사람에 따라 다른 견해가 나올 수도 있다. 그러나 수로 표기된 숫자는 결코 다른 해석이 나올 수 없다. 전 문장에 걸쳐 三이 한두 번 나온 것도 아닌데 번역하면서 착각을 일으킬 수도 없는 것이다. 결론은 大三의 三과 大氣의 氣가 다르게 표기되었더라도 뜻은 똑같을 것이라는 사실이었다.

　큰三의 합이 육이라는 것과, 큰氣의 합이 육이라는 것. 앞의 구절을 통해 큰三이 天地人을 가리킨다는 것은 미루어 짐작할 수 있다.

　그렇다면 큰氣도 天의 기운, 地의 기운, 人의 기운을 가리키는 것은 자명해진다.

　다음으로 일곱 번째 구절인 運三과 衷三을 비교해 보자. 運은 돌다, 회전하다의 뜻이고, 衷은 속마음, 가운데의 뜻이다. 그러므로 運三四成環五七은 '三과 四를 운기하면 五와 七의 고리가 완성된다.'이고 '衷三四成環五七은 三과 四 가운데 五와 七의 고리가 완성된다.'는 뜻이다. 그렇다면 運이나 衷은 기운(氣運)을 말한다. 氣란 무엇인가? 氣는 생명활동에 필요한 에너지이다. 따라서 이 기운이 바로 사람의 생명 유지에 가장 필수적인 호흡[息]인 것이다.

천부경(天符經)의 비밀은 바로 호흡[息]에 있었다. 호흡이라고 하니 다소 허탈해하거나 허망하게 생각할지도 모른다. 그러나 호흡을 해야 숨결이 일어나고 숨결이 일어나야 태초 생명의 기운인 조화의 빛이 들어와 개벽이 이루어진다.

앞서 깨달은 선지자들은 왜 하나같이 고행을 했는가? 그들은 고행을 통해 무엇을 얻었는가? 오늘날도 수없이 많은 구도자들이 깨달음을 얻고자 하나같이 가부좌를 틀고 명상에 든다. 명상에 드는 구도자들은 한결같이 모든 세속으로부터 벗어나 마음의 평정을 유지하고자 한다. 마음의 평정을 유지하는 유일한 방법은 숨을 고르게 쉬며 세상을 관조(觀照)하는 것! 바로 조화조식(造化調息)이다.

천부경은 그동안 국내뿐만 아니라 해외에서도 수많은 분들에 의해 여러 견해들로 풀이되어왔다. 필자 역시 여기서 천부경을 풀이함에 있어 불교의 선(禪)과 전통호흡법인 단전호흡에 근거하였음을 밝혀둔다. 하지만 필자가 복원한 선도(仙道) 수행법인 삼일심법은 기존의 선이나 단전호흡과는 많은 차이가 있다.

이것은 선도수련법이 사라진 지난 2,000년 동안 단전호흡은 소수 구도자들에 의해 변형되며 명맥만 유지되어 오다 근래에 이르러 많은 유파로 갈라졌기 때문이다.

복원된 삼일심법은 천부경의 내용에 따라 10단계로 나뉘어져 있으며, 그 기준은 천부경의 내용을 고대의 기록과 필자의 경험에 비춰 복원한 것임을 밝혀둔다.

수천 년 동안 삼성조시대의 환인과 배달, 한의 백성들이 선도수행을 통해 영성을 회복해 하늘에 오른 것에 비춰보면, 천부경은 수없이 많은 사람들에 의해 이미 검증되어졌다는 것이다.

2. 천부경은 신교(神敎) 문화

　신교(神敎)는 '이신시교(以神施敎)'에서 나온 말로 '신의 도로써 가르침을 베푼다.'는 것이다.
　인류 초기는 영성문화의 시대로 그 근원인 신교는 인류의 원형문화이자 시원종교이다. 신교의 실체를 알기 위해서는 신교문화의 주체인 삼신을 알아야만 한다.
　삼신은 만물의 존재 근거로서 무궁한 조화의 경계에 있는 조물주다. 이 조물주의 창조성이 세 가지 손길로 나타나기 때문에 석 삼(三)자를 써서 삼신(三神)이라 부른다. 삼신이 현실계에 자기를 나타낸 것이 바로 '하늘과 땅과 인간'이다. 삼신이 현현한 천지인을 삼위일체(三位一體)의 존재로 인식하고 그 틀에서 인간 역사를 해석하는 것이 바로 신교사관이다.
　신교사관에서는 인간을 천지로부터 대광명의 성스러운 기운을 받아 사물을 보고 느끼고 판단하는 영적 존재로 본다. 인간은 천지와 교감하며 자연과 하나가 되어 사는 신령스러운 존재라는 것이다

　신교에서는 우주의 조물주인 하느님(하늘님, 天帝)을 '삼신(三神)'이라 부른다. 조물주 하느님은 오직 하나뿐인 절대근원으로서 일신이

지만 자신을 현실세계에 드러낼 때는 삼신으로 작용하기 때문이다. 다시 말해 일신은 만물을 낳는 조화신(造化神), 만물을 깨우치는 교화신(教化神), 그리고 만물의 질서를 잡아나가는 치화신(治化神)이라는 삼신으로 자신을 드러낸다. 조물주 하느님은 만유생명의 본체로 보면 일신이고, 그 작용으로 보면 삼신인 것이다.

삼신이 현실계에 자신을 스스로 드러낸 것이 하늘·땅·인간이다. 천지인은 삼신의 자기현현으로 상수학적으로 표현한 것이 천일(天一) 지일(地一) 인일(人一)이다. 그리고 천지인이 하나 되어 일신화된 것이 태일(太一)이다.

태일이란 인간이 천지의 뜻과 이상을 실현한 존재인 것이다. 이와 같이 한민족 우주사상의 원형인 신교의 사상은 선도(仙道)의 수행문화에 잘 나타나 있다.

이런 선도수행은 삼신에서 출발해 태일로 매듭지어진다.

『천부경(天符經)』은 『삼일신고(三一神誥)』 『참전계경(參佺戒經)』과 함께 신교의 3대 경전으로 환국시대부터 구전으로 내려오던 것을 거발환 환웅이 신지 혁덕에게 명해 녹도문으로 새겨놓은, 세계에서 가장 오래된 경전이다.

『천부경』은 천지광명의 심법인 신교의 가르침에 따라 조화신성(造化神性)을 이뤄 신인으로 가는 수행요결을 담은 법령이다. 81자의 짧은 글 속에 삼신의 도리를 깨우쳐 영성을 회복해 태일을 이루는 조화신성의 원리가 함축적으로 담겨 있다.

『삼일신고』는 배달의 시조 거발환 환웅이 백성들을 교화하기 위해 지은 경전으로 우주사상과 함께 인간이 나아갈 길을 제시해 놓은 훈령이다. 총 366자로 되어 있는 삼일신고에는 삼신상제의 원리인 집일함삼(執一含三)과 회삼귀일(會三歸一)의 관계를 밝히며 선도수행을 통해 영성을 회복하는 방법을 설명하고 있다.

『참전계경』은 역시 배달시대에 만들어진 신교의 계율을 담은 율법서이다. 고구려 재상 을파소 때 8강령 366절목을 갖추고 인간이 영성을 회복하기 위해 지켜야 할 도리를 제정해 놓은 것이다.

위의 세 경전에 담겨 있는 근본 가르침은 한 마디로 한민족의 우주사상이다. 이 우주사상을 제대로 깨우치면 '나는 누구인가?', '나는 어디서 왔는가?'라는 의문에 대한 답을 찾을 수 있고, 나아가 내 속에 깃든 삼신의 신성을 깨우쳐 우주적 인간인 태일로 나아갈 수 있다.

신교(神敎)의 3대 경전	
천부경(天符經)	선도(仙道)의 수행요결이 담긴 경전
삼일신고(三一神誥)	선도(仙道)의 우주론, 인성론
참전계경(參佺戒經)	신교(神敎)의 율법서

그렇다면 『삼일신고』에서 말하는 집일함삼(執一含三)과 회삼귀일(會三歸一)은 무엇인가?

그것은 조화신이 내 몸에 들어와 성(性)이 되고, 교화신이 들어와 명(命)이 되며, 치화신이 들어와 정(精)이 된다는 것이다. 이는 곧 내 몸속에 신성과 생명이 온전히 들어 있다는 뜻으로 인간은 우주 자체요 하나님이며 부처님이 내 몸속에 내재해 있다는 자기 주체다.

선도수행의 목적은 내 몸속의 신성을 깨우치기 위한 수행으로 천부경은 우리 몸속에 내재 된 신성을 어떻게 깨우치는지를 가르쳐 주고 있다. 선천시대 우리 선조들은 천부경을 통해 영성을 회복하고 태일인간이 되어 귀천하였던 것이다.

우리 몸에 들어와 자리 잡은 성(性)·명(命)·정(精)을 '세 가지 참된 것'이라는 의미로 삼진(三眞)이라 한다. 삼진은 진리를 성취한 인간(太一)이 되기 위한 가장 중요한 관문으로서 합일을 이뤄 영적상승을 이루기 위해 반드시 넘어야 할 관문인 것이다.

수행자들이 태일을 이뤄도 이 삼관을 굳게 지키지 못하여 마음에 한순간의 빈틈이 생기면 바로 그 순간 천지에 가득 찬 마(魔)가 범하여 그동안 쌓은 수행 공력이 허물어지고 삼망(三妄)으로 돌아간다.

그럼 삼망은 무엇인가?

삼진인 성·명·정이 우리 몸에서 작용할 때 심(心)·기(氣)·신(身)이라는 삼망으로 발현된다. 인간의 마음과 기와 몸이 '세 가지 허망한 것'이라 불리는 것은 이들이 끊임없이 변화하기 때문이다.

심신(心身)을 수련한다는 의미는 몸(身)과 마음(心)을 닦아 청정한 상태로 들어간다는 것으로 기(氣)는 바로 심신을 수련하는 매개체로 작용하는 것이다.

우리가 선도수행을 통해 심신을 닦아야 하는 것은 심·기·신이 사물과 접하면서 '감각적 차원'으로 작용하기 때문이다. 바로 감(感)·식

(息)·촉(觸)이다. 감(感)은 느끼는 것, 식(息)은 호흡하는 것, 촉(觸)은 접촉하는 것이다. 인간의 마음은 감정으로 표현되고, 기는 숨결을 통해서 작동되며, 몸은 촉감을 통해서 느끼게 되기 때문이다.

이 삼망을 다스리는 것이 삼주(三珠)다. 삼주는 천주(天珠) 지주(地珠) 태주(太珠)를 말하며 이 삼주를 빛으로 닦아 나감으로써 삼망이 다스려진다. 이 삼주의 소생처가 바로 삼극(三極)인 무극(無極) 반극(反極) 태극(太極)이다.

혹자는 빛으로 어떻게 삼망이 다스려지느냐 하는 의문이 들 것이다. 사람의 감정이나 욕망은 호흡과 밀접한 관계에 있기에 감정이 일거나 욕망이 일어날 때 숨결을 통해 호흡을 조절하면 마음의 평정을 되찾을 수 있기 때문이다. 숨결을 통해 마음을 다스려가는 과정이 바로 선도수행인 것이다.

사실 대부분의 사람들이 감·식·촉에 이끌려 타고난 기질대로 살다가 허망하게 인생을 마친다.

그러나 삼신의 도를 아는 선인들은 일상생활에서 감정을 다스리는 지감(止感), 호흡을 고르게 하는 조식(造息), 접촉을 최소한으로 줄이는 금촉(禁觸)으로써 삼망을 다스려 궁극에는 자기 안에 내재 된 삼신을 발현시켜 삼신의 조화 세계로 들어가게 된다. 그래서 지감·조식·금촉이 수행의 3대 요체로 이를 삼도(三途)라 한다.

선도수행의 궁극적 목표는 감(感)·식(息)·촉(觸)을 삼도로 다스려 심(心)·기(氣)·신(身) 삼망으로부터 성(性)·명(命)·정(精) 삼진을 회복해 천지와 더불어 영원히 사는 우주적 인간인 태일이 되는 것이다. 그러

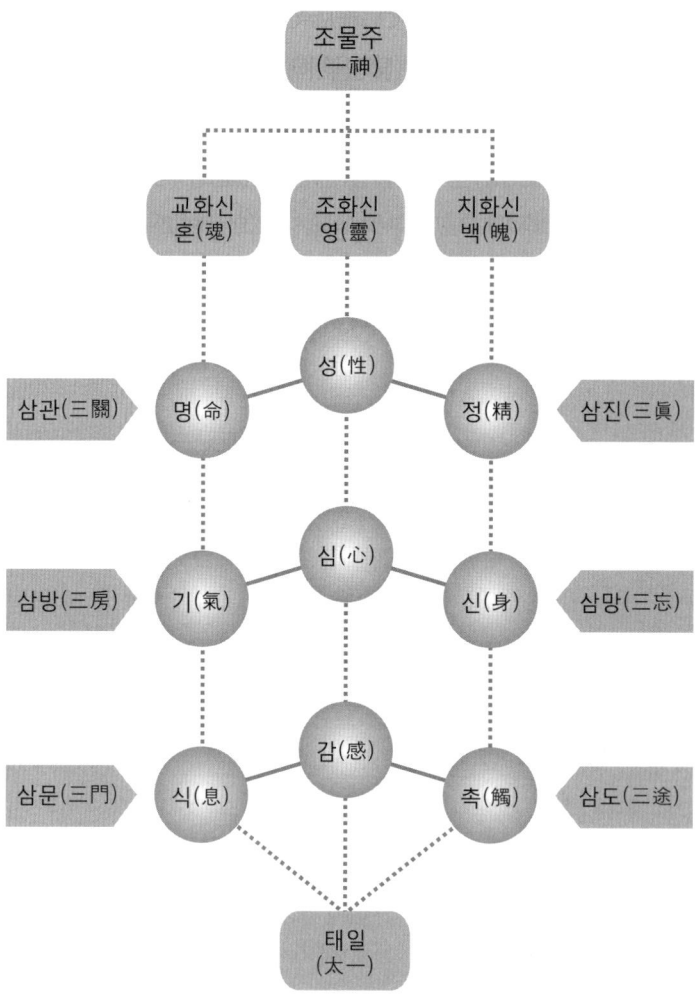

〈삼도경관도〉

기 위해서 '천지의 중도 심법'으로 자기를 영적으로 승화시키는 것이 선도수행의 최종목표인 것이다.

이러한 신교의 가르침은 『단군세기』 염표문(念標文)에 자세히 나와 있다. 고조선 11세 도해단군이 선포한 염표문은 '마음속에 지닌 큰 뜻을 드러낸 글'로 인간이 태일을 이룰 수 있는 방법을 알려주고 있다.

천 이현묵위대 기도야보원 기사야진일
天 以玄黙爲大 基道也普圓 基事也眞一

지 이축장위대 기도야효원 기사야근일
地 以蓄藏爲大 基道也効圓 基事也勤一

인 이지능위대 기도야택원 기사야협일
人 以知能爲大 基道也擇圓 基事也協一

고 일신강충 성통광명 재세이화 홍익인간
故 一神降衷 性通光明 在世理化 弘益人間

하늘은 아득하고 고요함으로 광대하니, 하늘의 도는 두루 비치어 원만하고, 그 하는 일은 참됨으로 만물을 하나 되게 함이니라.
땅은 하늘의 기운을 모아 성대하니, 땅의 도는 하늘의 도를 본받아 원만하고,

그 하는 일은 쉼 없이 길러 만물을 하나 되게 함이니라.

  사람은 지혜와 능력이 있어 위대하니, 사람의 도는 천지의 도를 선택하여 원만하고, 그 하는 일은 서로 협심하여 하나 되게 함이니라.

  그러므로 일신께서 참마음으로 내려와 사람의 성품이 신의 광명과 통해 있으니 내재된 삼신의 도리를 깨우쳐 인간을 널리 이롭게 하라.

  일신은 우주의 근원인 하느님이다. 그 일신이 강림하여 인간에게 내려와 삼신으로 작용하다 태일을 이뤄 다시 하늘로 올라가는 것. 즉 일신이 삼신으로 내려왔으니 영적상승을 통해 신인합일을 이뤄 태일로 돌아가는 것이다.

  따라서 삼성조시대의 지도자들은 신교의 가르침에 따라 우리 몸에 내재된 삼신을 닦아 '천지광명의 중도심법'을 깨우쳐 태일을 이루고 홍익인간의 정신에 따라 통치하였던 것이다.

  이러한 삼신사상은 조물주인 하느님이 절대근원으로서는 일신이지만 자신을 현실세계에 드러낼 때는 삼신으로 작용하는 것으로, 조물주 하느님은 만유생명의 본체로 보면 일신이고 그 작용으로 보면 삼신인 것이다.

  즉 삼신은 일신이 3수의 원리로 작용하여 만물을 창조하고 변화를 열어가는 것으로, 만물을 낳는 '조화신(造化神)', 만물을 기르고 깨우치는 '교화신(敎化神)', 만물의 질서를 잡아나가는 '치화신(治化神)'을 말한다.

3. 천부경은 어디서 왔나?

　인류의 황금시대를 연 환국(桓國)은 BCE 9,000년경에 중앙아시아의 천산을 중심으로 환족이 세운 세계 최초의 국가다. 환국의 영토는 중앙아시아에서 시베리아, 만주에 이를 만큼 방대했으며, 초대 통치자 안파견(安巴堅) 환인 이후 지위리(智爲利) 환인까지 3,301년 동안 7명의 환인이 다스렸던 무병장수의 시대였다.
　환국시대 사람들이 무병장수하며 신과 소통할 수 있었던 것은 선도수행을 통해 영적으로 승화해 하늘·땅·자연과 소통하며 대자연과 하나 되었기 때문이다.
　환국을 이은 배달국은 BCE 3,897년 거발환 환웅이 무리 3,000명을 이끌고 백두산 마루에 신시를 연 이후 18세 거불단 환웅까지 1,565년간 동북아를 지배했던 대제국이었다.
　천부경은 환국 이래 구전으로 전승되던 것을 배달국을 세운 거발환 환웅께서 신지 혁덕에게 명해 녹도문(鹿圖文)으로 전고비(篆古碑)에 새겨놓은 것을 신라 최치원이 풀이해 다시 묘향사에 저서로 새겨[刻] 놓았다. 이 경문이 1916년 약초를 캐던 도인 계연수에게 발견돼 오늘날 전해지게 된 것이다.
　신지(神誌)는 왕명을 주관하는 관명으로서 혁덕은 왕명을 출납하고 환웅을 보좌하고 있었다. 신지 혁덕은 거발환 환웅의 명에 따라 녹도문자를 만들었으니 이는 세계 최초의 문자다. 또한 신지 혁덕은 녹도문자로 천부경과 삼일신고 두 경전을 기록하였던 것이다.

　인간을 흔히 만물의 영장(靈長)이라고 한다. 지구상의 모든 생명체엔 영이 존재하지만 진화를 통해 영적인 상승을 이룰 수 있는 존재는 오직 인간뿐이므로 만물의 영장이라는 것이다. 이와 같이 인간은 원래 영적인 존재인데 문명이 발달되면서 물질의 노예가 되어 영성(靈性)을 잃어버리고 말았다.

　초대 환웅이 배달을 건국한 지 1,565년에 이르러 18세 거불단 환웅이 세상을 떠나고 그의 아들인 단군왕검이 배달의 구환족을 통일하고 조선(朝鮮)을 열었다(BCE 2333). 단군왕검은 조선의 개국시조로서 삼신상제님께 천제를 올리고, 송화강 유역(지금의 흑룡강성 하얼빈) 아사달에 도읍을 정하였다.

　삼국유사에 '곰과 호랑이가 환웅 천제께 찾아와 사람이 되게 해 달라고 빌었다.'는 기록이 나온다.

　　시　유일웅일호　동혈이거　상기우신웅　원화위인
　　時 有一熊一虎 同穴而居 常祈于神雄 願化爲人

　일제강점기 때 이마니시 류는 이를 근거로 곰과 호랑이가 어떻게 사람이 될 수 있느냐며 단군왕검의 이야기를 신화로 둔갑시켰다. 그러나 이는 거발환 환웅께서 신시를 연 이후 배달국이 번영하며 탈속하게 사는 모습을 보아오던 웅족과 호족들이 배달 18대 환웅인 거불단 환웅에 이르러 찾아와 자신들도 광명민족이 되어 '사람답게 살기'를 원하자 거불단 환웅께서 '천지광명의 민족이 되기 위해선 100일 동안 선도수행을 해야만 한다.'고 하자 웅족은 이를 받아들여 쑥과 마늘을 먹으며 21일 만에 수련을 마쳤고, 호족은 참지 못해 포기하고 돌아갔다. 이에 거불단 환웅은 웅족을 받아들이고 웅왕의 딸을 아내로 맞으니 그 사이에 난 아들이 왕검이다.

거불단 환웅이 왜 100일 동안 수행을 시켰을까?

선도(仙道) 수행에 있어 첫 100일은 매우 중요한 의미를 갖는다. 선천시대부터 내려온 호흡법으로 선도수련을 매일 2~3시간씩 하다보면 한 달 정도 지나면서 무극(無極)에서 발화현상이 일어나고, 100일 정도 지나면 단전이 형성되기 시작한다. 단전이 형성되어야만 비로소 본격적인 선도수행을 해나갈 수 있기 때문에 초기 100일은 상당히 중요한 시기다. 그런데 웅족이 21일 만에 기초를 닦은 것은 환웅의 도움도 있었지만 동굴 속에서 오직 수련에만 매달렸기 때문이기도 하다.

『단군세기』를 보면 실제 배달시대 백성들은 매년 일정 기간 동안 일정한 장소에서 선도수행을 해왔던 것으로 보인다

고　신시개천지도　역이신시교　지아구독　공아존물　능위복어인세이이
故　神市開天之道　亦以神施教　知我求獨　空我存物　能爲福於人世而已

대천신이왕천하 홍도익중 무일인실성 대만왕이주인간 거병해원
代天神而王天下 弘道益衆 無一人失性 代萬王而主人間 去病解怨
무일물해명
無一物害命

사국중지인 지개망즉진 이삼칠계일 회전인집계
使國中之人 知改妄卽眞 而三七計日 會全人執戒

자시 조유종훈 야유전계 우주정기 수종일역
自是 朝有倧訓 野有佺戒 宇宙精氣 粹鍾日域

삼광오정 응결뇌해 현묘자득 광명공제 시위거발환야
三光五精 凝結腦海 玄玅自得 光明共濟 是爲居發桓也

그러므로 신시 개천의 도는 신도로써 가르침을 베풀어 나를 찾아 자립하며 나를 비워 만물(天地)을 받아들이니 능히 인간세상을 복되게 할 따름이다.

천신을 대신한 천하의 왕은 도를 널리 펴 백성을 이롭게 하여 한 사람도 자신의 성품을 잃지 않게 하며, 만왕을 대신하여 인간의 주인 된 자는 병을 없애고 원한을 풀어주어 비록 미물이라도 함부로 생명을 해하지 못하게 하는 것이다.

백성으로 하여금 그릇된 마음을 고쳐 참되게 하고 삼칠(21)일을 기약하여 온전한 사람이 되게 하는 계율을 지키게 해야 한다.

이로써 조정에는 종훈이 서고 백성은 전계가 서게 되며 우주의 정기가 온 나라에 순수하게 모이고, 삼광오정이 머릿속에 응결되어 현묘한 도를 깨쳐 광명으로 세상을 함께 구하게 될 것이니 이것이 거발환 환웅이 베풀어준 정신이다.

이와 같이 배달시대 백성들은 매년 삼칠(21)일 동안 오직 신교수행만을 행하도록 계율로 정해 놓았던 것이다. 3·7이란 의미는 1년에 3일씩 7번을 행한다는 의미다. 이때만큼은 일정한 장소에 모여 오직 선도수행만을 행하게 했던 것이다.

　쑥과 마늘을 내려줬다는 것은 상징적인 의미다. 음식은 수행에 있어 상당히 중요하다. 쑥은 몸속의 독소를 제거시켜 주는 효능이 있으면서 가장 손쉽게 채집할 수 있는 약초이고, 마늘은 장을 보해준다. 또한 채소는 하늘의 기운과 땅의 기운을 받아 성장하기에 음양의 기운이 고루 배어 있지만, 동물은 하늘의 기운으로 성장하기에 양의 기운이 세다. 육식을 좋아하는 사람이 호전적인 것도 이 때문이다. 북방의 민족은 수렵을 통해 육식을 해왔기에 수련할 때 모자라는 음의 기운을 채워주기 위해 채소인 쑥과 마늘로 몸속의 탁한 기운을 없애고자 했던 것이다.

　도를 닦는 도인들이 채식을 주로 하는 것도 채소엔 음양의 기운이 조화롭게 스며 있기 때문이다.

　잡식인 웅(熊)족은 수련할 때 이를 지킬 수 있었지만, 육식을 주로 하는 호(虎)족은 그렇게 채식만을 하며 살 바에는 차라리 평범하게 사는 게 낫다고 포기하고 돌아갔던 것이다.

　거불단 환웅은 선도수행을 마친 웅족을 하늘의 백성(天民)으로 받아들이고 웅족의 왕녀를 맞아 태어난 이가 조선을 건국한 단군왕검이다.

　이와 같은 단군왕검의 이야기를 단군세기는 이렇게 전하고 있다.

고기운 왕검부단웅 모웅씨왕녀
古記云 王儉父檀雄 母熊氏王女

신묘오월이일인시 생우단수하 유신인지덕 원근외복
辛卯五月二日寅時 生于壇樹下 有神人之德 遠近畏服

고대의 기록에 의하면 왕검의 아버지는 단웅(거불단 환웅)이요, 어머니는 웅씨 왕의 따님이다.
 신묘(BCE 2370)년 5월 2일 인시에 박달나무가 우거진 숲에서 태어나시니, 신인의 덕이 있어 원근 사람들이 모두 경외하며 따랐다.

 이후 왕검은 14세에 웅씨국 비왕이 되어 38세까지 대읍국을 다스리다 배달국 왕으로 추대되었다. 이에 왕검은 환족과 웅족을 합쳐 하나로 통일하여 조선(朝鮮)이라 명하고, 초대 단군으로 즉위하니 이가 바로 단군왕검이시다. 단군왕검은 신교수행을 국시(國是)로 삼으니 그 첫 강령은 다음과 같다.

조왈 천범유일 불이궐문 이유순성 일이심내조천
詔曰 天範惟一 弗二厥門 爾惟純誠 一爾心乃朝天

 단군왕검께서 말씀하시길 하늘의 법도는 오직 하나요, 둘이 아니니라. 너희는 오직 순수한 정성으로 일심을 다해야 하늘(상제님)을 뵐 수 있느니라.

천부경은 현존 최고(最古)의 경전으로 인류 최초의 원형문화인 영성문화(靈性文化)이며 시원종교인 신교(神敎)의 근원이다. 환국 배달 고조선으로 이어지는 삼성조시대 우리민족은 천부경(天符經)을 통해 영성을 회복하고 귀천(歸天)하였던 것이다.

서양의 고대문명 연구가들은 인류 초기의 역사를 '황금시대'라 부른다. 독일의 칼 바이트(H. Kalweit)는 그의 저서에서 "먼 옛날은 인간이 행복과 평화 속에 살면서 초자연적인 힘을 쓰던 황금시대로 그때 사람들은 별 어려움 없이 신과 소통할 수 있었고, 죽음을 모르고 질병과 고통 없는 자유로운 경지에서 살았다."고 했다.

이 시대는 역사학에서 말하는 신석기 말기에 해당한다.

4. 인류 최초의 문명 홍산문화

신석기시대는 대체로 BCE 1만 년부터 시작되어 청동기의 등장과 함께 끝나는 것으로 보고 있다. 신석기시대에는 농업과 목축이 시작되었고 토기를 제작해 사용하였으며, 생산 도구와 무기로 마제석기가 사용되었다. 동아시아에서는 한반도와 만주의 신석기시대가 황하유역보다 앞서는 것으로 판명되었다.

황하유역의 신석기유적인 배리강(裵李崗) 유적과 자산(磁山) 문화유적이 BCE 6,000년인 데 반해 한반도에서는 강원도 양양의 오산리(鰲山里) 유적이 BCE 10,000년, 고성 문암리 유적은 BCE 10,000~BCE 6,000년으로 나타났다. 특히 지금의 요서지역을 중심으로 발달한 BCE 4,700~BCE 2,900년 시기의 홍산문화 유적이 발굴되면서 다양한 옥기 부장품과 함께 청동기가 대거 출토되어 고고학계에 충격을 안겨주고 있다.

홍산문화는 요령성 조양시 건평(建平)현과 능원(凌源)현의 접경지역에서 번창했던 '석기와 청동기를 섞어 사용한 BCE 4,700~BCE 2,900년경의 문명'이다.

홍산문화는 1979년 객좌현 동산취촌(東山嘴村)에서 엄청난 제사

유적이 발굴되고, 1983년 그 인근 우하량촌(牛河梁村)에서 고대 인류의 정신문화를 가능케 한 3요소인 돌무덤(塚), 신전(廟), 제단(壇)이 발굴된 것을 계기로 세계적인 주목을 받게 되었다.

우하량의 16개 유적지 가운데 13곳이 적석총 형태의 돌무덤(塚)이다. 적석총은 고대부터 삼국시대에 이르는 동이족의 대표적인 묘제(墓制)로 황하지역의 화하족 문명권에서는 전혀 출토되지 않는다. 약 5,500년에서 5,000년 전에 조성된 것으로 확인되는 이 돌무덤의 주인공이 바로 '배달 동이'이다.

우하량의 여러 적석총 중에서 특히 주목을 받는 것은 제2 지점의 것으로, 삼신 상제님께 천제를 올리던 원형 3단 구조의 제단(祭壇)이다. 이 천제단은 고조선 때 지은 강화도 마니산의 참성단, 명나라 때 지은 북경의 환구단, 조선 말기에 고종 황제가 세운 원구단의 원형인 것이다.

홍산인의 신전(廟)은 우하량 제1 지점에서 발굴되었으며 신전의 주인공은 여신이었다. 여신 묘가 상당히 좁은 것으로 보아 이곳에 들어갈 수 있는 사람은 극소수 특권층이었을 것으로 추정된다.

이 신전 터에서 세 여신상과 함께 홍산인의 토템신앙을 보여주는 곰 조소상과 새 조소상이 발굴되었다. 홍산인은 곰과 새를 신성시하였던 것이다.

이와 같이 총(塚)·묘(廟)·단(壇)을 모두 갖추고 국가 단계의 복잡한 문명을 일군 홍산문화는 동북아 신석기 문화의 최고봉으로서 중국 한족의 문화와는 계통이 전혀 다른 문화이며 중국 황하문명 태동의 밑거름이 된 배달 동이족의 독자적인 문화인 것이다.

　홍산문화가 세계인을 정말 놀라게 한 것은 바로 정교하고 다양한 옥(玉) 문화 때문이다. 옥룡, 옥봉, 옥벽을 비롯하여 옥패, 옥팔찌, 옥 귀고리 같은 장식품은 말할 것도 없고, 권위의 상징인 옥으로 된 인장(印章)도 출토되었다.

〈홍산유적에서 출토된 옥인장〉　　　　　〈수행중인 남신상〉

　이러한 옥 부장품은 여러 적석총에서 공통적으로 쏟아져 나왔다. 우하량 제2 지점 21호 묘의 남성 인골은 옥으로 옷을 해 입은 듯 무려 20점의 옥 장식이 머리에서 발끝까지 치장하고 있다. 홍산인들은 옥을 고귀한 신분을 나타내는 장신구, 신과 소통하는 신물, 천제에 사용하는 제기 등의 소재로 사용하였던 것이다.

　이러한 유물 중에는 배달과 고조선이 국가조직을 갖추고 있었음을 증명하는 것도 있다. 우하량 제16 지점에서 발굴된 '옥검(玉劍)'과 내몽골 지역의 나만기(奈曼旗) 유적에서 출토된 옥으로 만든 도장인 '옥인장(玉印章)'이 그것이다.

  옥인장은 정치적 권위를 상징하는 유물로 재질이나 양식으로 볼 때 배달 시대의 유물이다. 이 옥인장의 발굴은 『삼국유사』와 『환단고기』에서 전하는 '환국의 마지막 환인 천제가 동방역사 개창을 떠나는 환웅에게 종통의 상징으로 천부인(天符印)을 전하였다.'는 기록을 역사적 사실로 뒷받침한다.

  옥검은 고조선의 비파형 동검과 똑같은 양식을 띠고 있다. 한민족의 독특한 양식인 비파 모양의 칼이 고조선 시대에 갑자기 생겨난 것이 아니라 배달 시대에 개발된 것임을 알 수 있다.

  그런데 홍산문화보다 더 오래된 홍륭와 문화(BCE 6,200~BCE 5,200)에서도 고대 동북아의 옥기가 발견되고 있다.

  그리고 홍륭와 지역에서 출토된 옥결(옥귀고리)과 모양이 유사하고 만들어진 시기도 비슷한 옥결이 우리나라 강원도 고성군 문암리 유적지에서 출토되었다.

  이러한 옥결의 출토는 배달이 건국되기 이전인 BCE 6,000년경부터 요서, 요동, 한반도가 하나의 문화권이었음을 보여준다.

  유물과 유적이 대부분 '사상 처음'이고 '인류사 최고(最古)'인 홍산문화를 중국은 황하문명의 원류로 규정하지만, 황하문명의 원 뿌리가 오랑캐 땅이라 치부하던 만리장성 이북에서 발견된 점이 중국을 곤혹스럽게 만들었다.

  중국은 이 난처함을 다민족 역사관과 동북공정으로 해결하고 있다.

한족과 55개 소수민족으로 이뤄진 중국 땅에서 발견되는 소수민족의 역사와 문화는 모두 중국의 것이라 주장하면서, 동북공정을 실시하여 배달 동이족이 주도한 동북아의 고대사를 중국의 역사로 둔갑시키고 있는 것이다. (안경전 역주. 환단고기 참조 발췌)

5. 고조선의 삼한관경제(三韓管境制)

조선을 개국한 단군왕검은 삼신의 원리에 따라 나라를 삼한(三韓), 즉 진한·번한·마한으로 나누어 다스렸다. 이것이 바로 고조선의 국가경영제도인 삼한관경제(三韓管境制)이다.

이맥의 태백일사 제4권 삼한관경본기에는 이렇게 기록되어 있다.

웅씨왕 붕어전 왕검 수대기위 통구환위일 시위단군왕검야
熊氏王 崩於戰 王儉 遂代其位 統九桓爲一 是爲檀君王儉也

내소국인 입약왈 자금이후 청민위공법 시위천부야
乃召國人 立約曰 自今以後 聽民爲公法 是謂天符也

부천부자 만세지강전 지존소재 불가범야
夫天符者 萬世之綱典 至尊所在 不可犯也

수여삼한 분토이치 진한 천왕자위야
遂與三韓 分土而治 辰韓 天王自爲也

입도 아사달 개국 호조선 시위일세단군
立都 阿斯達 開國 號朝鮮 是爲一世檀君

아사달 삼신소제지지 후인 칭왕검성 이왕검구택 상존고야
阿斯達 三神所祭之地 後人 稱王儉城 以王儉舊宅 尙存故也

  웅씨 왕이 전쟁에서 죽자 왕검이 그 자리를 계승하고 구환을 통일하니 이 분이 단군왕검이시다.
  이때 (단군왕검이) 나라사람들을 불러 이렇게 공약하셨다.
  "오늘 이후로는 백성의 뜻을 들어 공법을 삼노니, 이를 천부(天府經)라 이르노라. 무릇 천부는 만세불변의 기본 경전이요 지극한 존엄성이 담겨 있으니 범해서는 아니 되느니라."
  마침내 삼한(三韓)으로 영토를 나누어 다스릴 때 진한(辰韓)은 천왕께서 친히 맡아서 통치하셨다.
  도읍을 아사달에 세우고 나라를 열어 조선(朝鮮)이라 하니 이분이 바로 1세 단군이시다.
  아사달은 삼신께 제사 지내는 곳으로 후세 사람들이 왕검성이라 불렀는데, 그 까닭은 왕검의 옛집이 그대로 남아 있었기 때문이다.

  단군왕검은 구환족을 통일하고 천부경을 나라의 법으로 삼았으며, 조선의 영토를 삼한으로 나누어 다스리며 진한은 직접 통치한 것으로 보인다. 이는 서양 중세의 영주제와 비슷하다.
  이런 삼한관경제는 고조선의 국가통치원리로 나라의 강역을 삼신사상에 의거 천지인(天地人) 삼재의 원리에 따라 진한(人) 번한(地) 마한(天)으로 나누어 통치하는 방식이다.

　이러한 분할통치 방식으로 고조선은 시조인 단군왕검부터 47대 고열가 단군까지 2,096년 동안 전 세계적으로 유래 없는 태평성세를 이루며 동북아의 패자로 군림하였던 것이다.

　이런 고조선의 삼한관경제는 『삼성기』, 『단군세기』, 『태백일사』에서 일관되게 전하고 있다.

　『단군세기』를 지은 이암은 고려 충렬왕 때 사람으로 『태백일사』를 지은 이맥의 고조부이기도 하다. 이암은 그의 저서에서 조선 삼한의 영역을 정확히 표기해 놓았다.

　　진한진국중　치도함유신
　　辰韓鎭國中 治道咸維新

　　모한보기좌　번한공기남
　　慕韓保其左 番韓控其南

　　참안위사벽　성주행신경
　　嶄岩圍四壁 聖主幸新京

　　여칭추극기　극기백아강
　　如秤錘極器 極器白牙岡

칭간소밀랑 추자안덕향
秤幹蘇密浪 錘者安德鄉

수미균평위 뇌덕호신정
首尾均平位 賴德護神精

흥방보태평 조항칠십국
興邦保太平 朝降七十國

영보삼한의 왕업유흥륭
永保三韓義 王業有興隆

진한이 나라 안을 진정시키니 정치의 도는 모두 새로워졌습니다.
모한(마한)은 왼쪽을 지키고 번한은 남쪽을 제압합니다.
깎아지른 바위가 사방 벽으로 둘러쌌는데 거룩한 임금께서 새 도읍으로 행차하셨습니다.
삼한형세가 저울대 저울추 저울판 같으니 저울판은 백아강이요,
저울대는 소밀랑(아사달)이요, 저울추는 안덕향이라
머리와 꼬리가 서로 균형을 이루니 그 덕에 힘입어 삼신정기가 보호합니다.
나라를 흥성케 하여 태평세월 보존하니 일흔 나라가 조선에 복종하였습니다.
길이 삼한관경제 보전해야 왕업이 흥하고 번성할 것입니다.

이 글은 6세 달문단군이 임자년(BCE 2049년)에 여러 왕을 상춘 구월산에 모아 삼신께 제사지낼 때 신지 발리가 한민족의 뿌리를 노

래한 대서사시 「서효사(誓效詞)」의 일부다. 「서효사」에 따르면 당시 고조선의 영토가 만주에서 북경 산동반도에 이르는 거대한 제국이었음을 보여주고 있다.

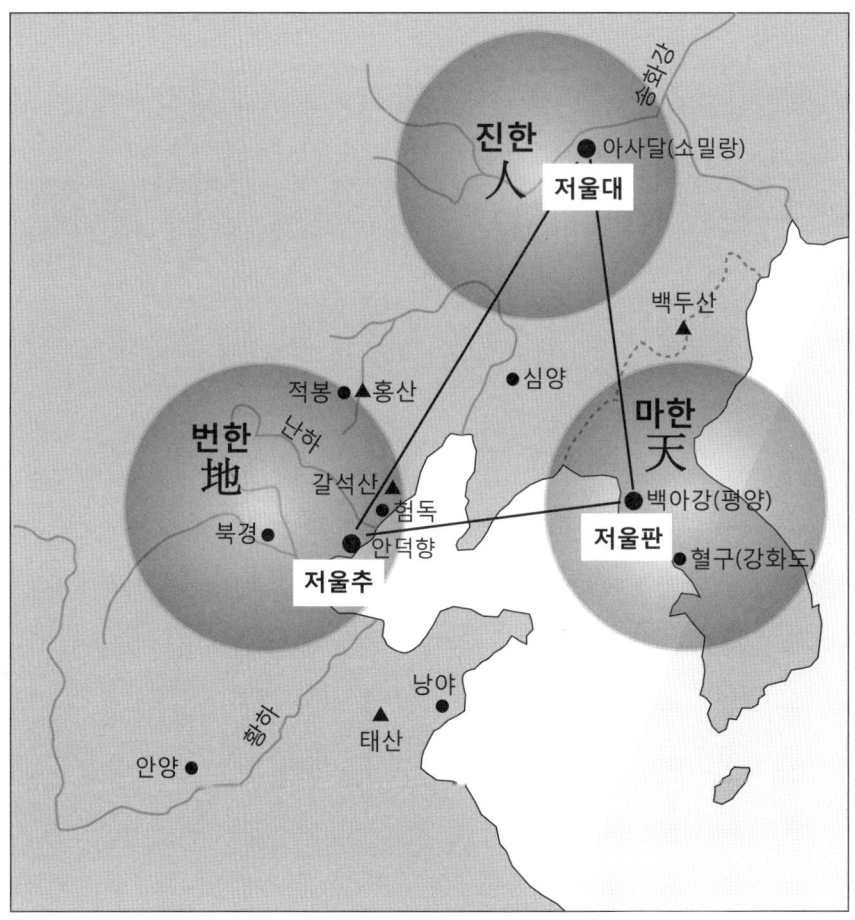

〈고조선 삼한 위치〉

단군왕검은 대단군(大檀君)으로서 요동과 만주지역에 걸쳐 있던 '진한'을 통치하고, 요서 지역에 있던 '번한'과 한반도에 있던 '마한'은 각기 부(副)단군이 통치하였다. 마한은 하늘의 정신(天一)을, 번한은 땅의 정신(地一)을, 진한은 천지의 주인이요 중심인 인간(人一)을 상징하며 신교의 가르침인 삼신사상을 따르고 있다.

이런 삼한관경제는 고조선의 역사와 문화의 핵심을 헤아리는 결정적이고 중대한 열쇠다. 삼한관경제에 대한 이해 없이는 고조선의 영토 범위, 여러 도읍지, 복잡한 대외 관계와 당시 국내외 상황 등을 분명하게 설명할 수 없다.

현 강단(講壇)사학계가 고조선의 역사를 제대로 밝히지 못하는 가장 큰 이유가 바로 신교 삼신문화의 우주관과 신교사관에 근거한 삼한관경제에 대한 인식이 부족하기 때문이다.

6. 天符經은 동서양 문명의 산실

　동양에서 BCE 6,500년경 홍산문화가 시작되었다면 서양에선 BCE 5,000년경 메소포타미아 지방에서 고도로 발전된 문명이 태동하였다. 바로 세계 4대 문명 중의 하나인 메소포타미아 문명의 밑거름이 된 수메르문명이다.

　수메르문명은 이집트·그리스·로마 문명의 근원이 되었기에 오늘날 서양학자들은 이 수메르 문명에 대해 이구동성으로 '아주 갑작스럽게 앞선 문명이 전혀 없이 독자적으로 발생한 것'이라고 말한다.

　그렇다면 수메르인은 어디서 온 것일까? 수메르의 창세신화를 보면 수메르인은 후두부가 평평하고 머리카락이 검은 인종이었다고 한다. 전형적인 동양 사람의 모습인 것이다. 그리고 수메르 점토판의 기록에 따르면 수메르인은 '안샨(Anshan)에서 넘어왔다.'고 한다.

　수메르 말로 안샨은 천산(天山)을 말한다. 천산은 환국 문명의 중심지였던 곳이다. 수메르 연구의 대가인 크레이머 박사는 수메르인들이 '동방에서 왔다.'고 말한다. 환국의 서남쪽에 위치한 수밀이국 사람들이 이란의 산악지대를 거쳐 메소포타미아 지역으로 남하하여 개척한 문명이 바로 수메르문명인 것이다.

　수메르문명은 우리 한(韓)문화와 놀라운 동질성을 보이고 있다. 수메르 말은 우리말과 똑같이 주어나 목적어 같은 체언 다음에 조사가 붙는 교착어였고, 수메르에서도 동양의 60갑자와 사상적 배경이 동일한 60진법을 사용하였다. 더욱 놀라운 사실은 수메르인이 상투를 틀었다는 것이다. 영국의 고고학자 울리(1880~1960)가 우르의 묘지

〈신단수 앞에 서 있는 사르곤 왕〉

동서양의 문명이 천부경에서 비롯되었다고 보는 것은 수메르인이 십진수를 사용한 것이나 사르곤 왕이 신단수를 들고 있는 것, 그리고 요한계시록에 등장하는 '동방의 흰옷 입은 민족'이나 '베냐민족'이란 바로 배달민족을 뜻하기 때문이다.

에서 왕의 유골을 발견하였는데 '황금투구를 쓴 왕은 머리카락을 뒤에서 묶은 상투를 튼 모습이었다.'고 한다. (정연규, 『한겨레의 역사와 문화의 뿌리를 찾아서』)

　BCE 2,300년경에 만든 석재부조에는 상투를 튼 사르곤 왕이 생명의 나무인 신단수 앞에 서 있는 모습이 새겨져 있다. 신단수는 동방 배달시대에 삼신 상제님께 천제를 올리던 성지에 있는 신성한 나무로 본 줄기가 3개로 이루어져 있고, 가지에 달린 열매도 3개씩 한 단위를 이루고 있어 신교의 삼신사상이 잘 나타나 있다.

　사르곤 왕은 왼손에 신단수 열매를 들고 오른손으로 생명의 나무인 신단수에 경배를 올리고 있어 동·서양의 문화가 원래 한 뿌리였음을 말해주고 있다.

　그러면 외국의 석학들은 천부경을 어떻게 보는가?

　독일의 세계적인 철학자 마틴 하이데거가 1960년대에 프랑스를 방문한 서울대 철학과 박종홍 교수를 집으로 초대하며 천부경을 펼쳐놓고 이렇게 말했다고 한다,

"내가 당신을 왜 초청했는지 아느냐? 바로 한국 사람이기 때문이다. 내가 유명해진 이유는 바로 동양의 무(無)사상 때문인데, 동양학을 공부하던 중 아시아의 문명 발상지는 한국이라는 사실을 알게 되었다. 그리고 세계 역사상 가장 완전무결한 평화적 정치로 2천 년이 넘는 세월동안 아시아 대륙을 통치한 단군 시대가 있었음도 알았

다. 그래서 나는 동양사상의 종주국인 한국인을 존경한다. 그런데 아직 당신들의 국조 한배검 님의 천부경은 이해할 수 없으니 설명해 달라."

박종홍 교수는 "부끄럽지만 당시 천부경이나 단군조선이 2,000년 이상 대륙을 통치했다는 역사도 모르고 있었으므로 답을 하지 못했다."고 어느 강연장에서 실토했다고 한다. (문성철, 한국전통사상연구원장 증언/박정학 사단법인 한배달 이사장의 한국NGO신문 기고글에서 인용)

그렇다면 하이데거는 한국인도 잘 모르는 천부경을 어떻게 알았을까?

계연수는 1916년 9월 묘향산 석벽에 각인된 천부경을 발견하고 1917년 탁본을 단군교에 보내면서 세상에 처음 알려졌다. 그리고 1920년 전병훈의 《정신철학통편》, 1921년 단군교의 기관지 《단탁》에 실리며 세간에 널리 알려지게 됐다.

하이데거는 뛰어난 철학적 성취에도 불구하고 유대인이었던 그의 스승이자 현상학의 창시자인 에드문트 후설의 죽음에 관여했다는 의혹을 받고 있는 친(親)나치주의자였다. 아마도 하이데거는 유대인 스승으로부터 천부경을 입수했을 것으로 보인다.

동양에 천부경이 있다면 서양에는 유대인의 비밀경전인 카발라가 있다. 환국시대 때 천부경과 마찬가지로 수메르인에게 전해졌다는 카발라는 서양 최초의 경전으로 알려졌다. 카발라를 연구하는 랍비들은 카발라가 물질문명에 대한 비밀이 담겨있다면 천부경은 정신문명에 대한 비밀이 담겨있다고 믿는다.

아울러 이미 한계점을 드러낸 물질문명에 대한 대안으로서 앞으로 인류를 구원할 새로운 정신문명으로 천부경을 꼽고 있으며, 천부경을 인류를 위한 최후의 경전으로 연구하고 있다.

유대인 학자들이 천부경을 연구하는 것은 결코 우연이 아니다. 아이러니하게 환웅의 메시지는 기독교의 경전인 요한계시록에 여러 차례 명시되어 있다.

요한계시록에 보면 〈말세 종말에 이르러 동방(東方)의 흰옷(白衣) 입은 무리들이 인류를 구원하는데 살아남은 자들을 보니 모두 이마에 인(印) 맞은 자들이더라.〉 또한 7장 2~3절에 의하면 〈천사가 살아계신 하나님의 인(印)을 가지고 해 돋는 데로부터 올라와서 땅과 바다를 해롭게 할 권세를 얻은 네 천사를 향하여 큰 소리로 외쳐 가로되 우리가 우리 하나님의 종들의 이마에 인(印)치기까지 땅이나 바다나 나무나 해하지 말라 하더라.〉 그리고 7장 9~10절에 〈베냐민 지파 중에 인(印) 맞은 자가 일만 이천이라, 이 일 후에 내가 보니 각 나라와 족속과 백성과 방언에서 아무라도 능히 셀 수 없는 큰 무리가 흰옷을 입고 손에 종려가지를 들고 보좌 앞과 어린 양 앞에 서서 큰 소리로 외쳐 가로되 구원하심이 보좌에 앉으신 우리 하나님과 어린 양에게 있도다.〉 또 9장 4절에 보면 〈저희에게 이르시되 땅의 풀이나 푸른 것이나 각종 수목은 해하지 말고, 오직 이마에 하나님의 인(印)

맞지 아니한 사람들만 해하라 하시더라.〉

이마에 '인(印) 맞은 자'라 함은 선도수행으로 천지인의 합일로 심안이 열린 선인들을 말한다.

심안이 열리면 범인들이 볼 수 없는 세계, 보이지 않는 세계, 즉 영혼이라든지 천상계의 정신세계를 능히 보게 된다. 삼성조 시대의 선인들이 별 어려움 없이 신과 소통할 수 있었던 것은 모두 선도수행을 통해 태일(太一)을 이뤄 심안을 얻었기 때문이다.

태일을 이룬 선인(仙人)들의 특징은 얼굴이 밝고 이마에 빛이 난다. 성인의 얼굴에 광배를 그린다든지 불상의 이마에 보석을 박는다든지 하는 행위는 모두 깨우친 선지자들의 영성에서 유래된 것이다.

위에서 본바와 같이 수메르 사르곤 왕의 부조에 나오는 신단수는 신교의 문화이자 동이족의 삼신사상과 유사할 뿐더러 요한계시록의 예언은 선도수행으로 조화광명의 세계로 들어선 선인들에게 공통적으로 나타나는 현상인 것이다.

카발라는 거발환에서 유래되었다고 한다. 이는 천부인을 물려받은 거발환 환웅이 동방개척을 떠나며, 동맹관계였던 수밀이국 족장에게 우정의 선물로 전해준 천부경이 천산을 넘어 메소포타미아 지역으로 이동한 수밀이국 사람들에 의해 유대민족에게 전해진 것이 아닐까 하는 생각에까지 미친다.

수메르인이 십진수를 사용한 것이나 사르곤 왕이 신단수를 들고 있는 것, 그리고 요한계시록에 등장하는 '동방의 흰옷 입은 민족'이나 '베냐민족'이란 바로 배달민족을 뜻하기 때문이다.

따라서 천부경과 카발라는 별개의 경전이 아니라 똑같은 경전인 셈인데 천부경은 원형이 보존된 상태로 남아 있었고, 카발라는 세월을 거치면서 수많은 주석들이 덧붙여져 변형된 것이 아닌가 생각된다.

7. 한민족의 역사는 왜 부정당해 왔는가?

　천부경을 이해하기 위해서는 천부경이 어떠한 내력을 가지고 있는지에 대한 바른 이해가 필요하다. 따라서 여기서는 외세에 의해 왜곡된 우리의 역사 속에서 천부경이 우리 민족에게 어떠한 존재였는지 그 의미를 짚어봤다.
　우리 민족을 흔히 배달의 민족이라거나 한민족이라는 말로 설명을 한다. 또한 반만년의 유구한 역사를 가진 민족이라는 자긍심도 갖고 있다. 그런데 현실에선 우리의 역사가 고구려부터 시작되었으며 그 이전은 모두 신화라 가르치고 있다. 신화는 그저 동화 속 이야기지 역사가 될 수 없다. 조선을 건국한 이성계는 나라 이름을 지으면서 새로운 국호는 옛 조선(朝鮮)을 잇는 것이라 했고, 고종은 대한제국을 건국하며 이는 한(韓)을 잇는 것이라 하였다.
　옛 임금들이 국호를 지으며 그렇게 닮고 싶어 했던 조선은 무엇이고 한(韓)은 또 무엇인가? 우리의 역사를 고구려로 시원을 삼는다면 기껏해야 2,000년의 역사다. 그런데 무슨 근거로 반만년의 역사를 운운하며 또한 배달의 민족은 뭐고 한민족이란 또 뭐란 말인가! 이렇게 우리 역사는 이율배반적이고 모순투성이다.
　지난 2천여 년 동안 우리 민족의 역사는 중국과 일본에 의해 철저히 말살되고 왜곡되어 왔다. 춘추전국시대까지만 해도 중국의 유생들은 우리 민족을 동방의 예의지국이라 칭하며 신선처럼 사는 민족으로 경외해 왔다.

그러나 중국을 최초로 통일한 진나라 시황제의 폭정으로 백성이 도탄에 빠지자 유생들이 한결같이 동국의 예를 들며 상소를 올리자 화가 난 시황제는 전국의 유생들을 묻어 죽이고 동국과 관련된 문헌들을 모두 불태우며 소장하고 있는 것만으로도 엄벌에 처한다는 칙령을 내렸다. 역사적으로 유명한 분서갱유(焚書坑儒)다.

중국의 전국시대는 고조선 말기에 해당한다. 우리 민족은 세계 최초의 국가인 환국의 지위리 환인으로부터 천부인을 물려받은 거발환 환웅이 백두산에 신시를 열고 배달국을 건국한 후 단군왕검의 고조선까지 이미 3,000년 동안 동북아의 패자로 군림하고 있었다.

그런데 진시황의 분서갱유로 인해 중국에서 우리의 역사서가 말살된 데 이어 한나라 때 사마천은 사기(史記)를 저술하며 중국의 시조인 헌원이 배달국 14대 환웅인 치우천황에게 탁록에서 철저히 패하고 속국이 된 치부를 가리고자 역사를 왜곡시키며 우리 민족에게 제2의 분서갱유를 단행했던 것이다.

이렇게 우리의 고대사는 중국에 의해 지난 2,000년 동안 철저히 말살·왜곡되어 왔으며 일제 강점기에 이르러 이마니시 류를 비롯한 일본 사학자들에 의해 우리의 고대사가 또다시 수난을 겪으며 고조선의 역사를 신화로 변질시켜 놓았다.

이렇게 우리의 고대사가 외세에 의해 철저히 왜곡되어 왔는데도 해방 이후 77년이 지난 오늘날까지도 우리의 고대사는 여전히 부정당하고 있다. 외국의 사학자들이 부정하는 것도 아니다. 아이러니하게 식민사관에 젖은 국내 강단사학자들에 의해서 부정당하고 있다.

러시아의 역사학자인 유엠 부찐(1931~2002)은 "동북아 고대사에서 단군조선을 제외하면 아시아 역사는 이해할 수 없다. 그만큼 단군조선은 아시아 고대사에 중요한 위치를 차지한다. 그런데 한국은 어째서 그처럼 중요한 고대사를 부인하는지 이해할 수가 없다. 일본이나 중국은 없는 역사도 만들어내는데 한국인은 어째서 있는 역사도 없다고 그러는지 도대체 알 수 없는 나라다."라며 한탄하였다.

또한 조선의 마지막 총독이었던 아베 노부유키는 떠나면서 "우리는 비록 전쟁에 패했지만, 조선이 승리한 것은 아니다. 장담하건대 조선인이 제 정신을 차리고 옛 영광을 되찾으려면 100년이 더 걸릴 것이다. 우리 일본은 조선인에게 총과 대포보다 더 무서운 식민교육을 심어놓았다. 조선인들은 서로 이간질하며 노예의 삶을 살 것이다. 그리고 나 아베 노부유키는 다시 돌아온다."라며 저주를 퍼부었다.

그가 조선을 떠나기 전 자신 있게 총독부 직원들에게 이런 말을 내뱉은 것은 바로 총독부에 설치한 '조선사편수회'라는 조직과 거기서 부역했던 친일파를 염두에 두었기 때문이다.

일제는 3.1운동 이후 민족주의 역사가인 박은식 선생이 중국에서 저술한 〈한국통사〉와 〈한국독립운동지혈사〉가 조선에 유입되자 당황했다. 그래서 서둘러 '조선사편수회'를 만들어 식민사관을 토대로 한 〈조선사〉 편찬에 열을 올리게 된다. 이 단체에는 천황을 신봉하는 일본인 어용학자를 중심으로 친일 소장 한국인 학자들이 대거 참여하였다. 이들이 저술한 〈조선사〉의 요체는 '조선의 역사는 식민지 혹은 외세의 압제에서 시작했다'고 강조하면서 일본의 조선 지배는 고대사회에서 일약 근대사회로 도약시켰다고 조작한 것이다.

〈조선사〉 편찬에 앞장섰던 한·일 학자들은 '한국사는 중국과 일본의 식민지에서 출발했다.'는 침략논리를 세우고 역사서 조작을 통해 한국사의 주체성을 부정했다. 이들이 가장 심혈을 기울인 분야가 고대사. 한국사의 뿌리를 말살하기 위해 단군조선을 부정하고, 중국 식민정권인 한사군이 한국을 발전시켰다는 논리를 세웠다.

식민사학을 분석한 이주한 씨는 그의 저서에서 "한국사가 죽어야 나라가 산다."며 이렇게 강변했다.

"식민사관의 가장 큰 폐해는 진실을 훼손해 국민들에게 열등감을 주입하고, 비주체적인 삶을 내면화한다는 데 있다. 민족에게 노예의식을 심는 데 식민사관만큼 효과적인 수단도 없다."

이것이 역사학자가 아니었던 단재 신채호, 위당 정인보, 석주 이상룡 등이 무장투쟁을 하면서도 역사 연구에 매진했던 이유이다.

그런데 우리의 고대사가 꼭 외세에 의해 말살되고 왜곡된 것만도 아니다. 우리 손으로 우리 역사를 말살해 버리는 어처구니없는 일이 조선시대에 일어났다. 세조는 '작은 나라가 큰 나라 보다 역사가 오래 되었다는 것은 큰 나라에 대한 예우가 아니다.'라는 이유로 관련 서적을 불온서적으로 몰아 전국 관찰사에게 '수서령(收書令)'까지 내렸다.

조선왕조실록에 보면, 세조3년(1475년) 5월 26일 팔도관찰사에게 유시하기를 "『고조선비사(古朝鮮祕詞)』,『대변설(大辯說)』,『조대기(朝代記)』,『주남일사기(周南逸士記)』,『지공기(誌公記)』,『표훈천사(表訓天詞)』,『삼성밀기(三聖密記)』,『안함로, 원동중삼성기(安含老, 元董仲三聖記)』……(중략) 등의 문서는 마땅히 사처에 간직해서는 안 되니, 만약 간직한 사람이 있으면 진상(進上)하도록 허가하고, 자원(自願)하는 서책을 가지고 회사(回賜) 할 것이니, 그것을 관청 민간 및 사사(寺社)에 널리 효유(曉諭)하라."고 했다.

수서령은 예종, 성종 때까지 집요하게 이어지며 소장하고 있거나 이를 알고도 신고하지 않으면 연좌제로 묶어 참형(斬刑)에 처하였으니 도대체 이들이 어느 나라 임금이었는지 통탄할 노릇이다. 당시 사라졌던 역사서 종류만도 20여 권에 달했다.

다행히 이맥이 중종 14년(1519) 찬수관(撰修官)이 되어 내각의 비장서고에서 이들 서적을 열람하고 9천년 동방 한민족의 역사를 목숨 걸고 『태백일사』에 남겼으며, 그 속에 고조선 신교의 3대 경전인 『천부경(天符經)』『삼일신고(三一神誥)』『참전계경(參佺戒經)』이 살아 있었으니 천만다행이라 할 수 있다.

이렇게 우리의 고대사는 아베 노부유키의 저주처럼 외세에 의해 또는 스스로의 손으로 말살된 채 77년이 흐른 지금까지도 회복되지 못하고 있으니 참으로 안타까운 노릇이다.

이제는 우리 모두가 거짓된 역사의 미몽에서 깨어나 세계 최고(最古) 문명의 주인공인 한민족의 잃어버린 시원역사와 영성문화를 되찾아야 할 때다.

다행히 오늘날 의식 있는 재야 사학자들의 노력에 의해 일본제국주의에 의해 왜곡되었던 한국고대사가 어느 정도 회복되고 있다고 한다. 그러나 이는 이마니시 류에 의해 왜곡된 고조선 역사에 불과하다. 아직도 중국에 의해 왜곡 말살된 배달의 역사에는 침묵하고 있다. 그 논리가 되고 있는 것이 실증사학이다. 실증사학이란 그 시대의 유물이 발견되어야만 역사로 인정받는 것이다.

그렇다면 오늘날 우하량 등에서 발견되는 홍산문화가 배달국 시대의 것으로 밝혀짐에 따라 우리의 역사도 고조선 이전 만주와 중국 본토에 이르는 광대한 영토를 다스렸던 배달국을 그 기원으로 삼아야 할 것이다. 따라서 우리의 국조도 단군왕검에서 배달을 건국한 거발환 환웅으로 바뀌어야 할 것이다. 그 가장 확실한 증거가 바로 천부경(天符經)이라고 하겠다.

제2장 天符經 주해

〈천부경 갑골문〉

中	本	衍	運	三	三	一	盡	一
天	本	萬	三	大	天	三	本	始
地	心	往	四	三	二	一	天	無
一	本	萬	成	合	三	積	一	始
一	太	來	環	六	地	十	一	一
終	陽	用	五	生	二	鉅	地	析
無	昂	變	七	七	三	無	一	三
終	明	不	一	八	人	匱	二	極
一	人	動	妙	九	二	化	人	無

〈천부경 81자〉

天符經

一始無始一　　　　　　일시무시일
析三極無盡本　　　　　　석삼극무진본
天一一地一二人一三　　　천일일지일이인일삼
一積十鉅無匱化三　　　　일적십거무궤화삼
天二三地二三人二三　　　천이삼지이삼인이삼
大三合六生七八九　　　　대삼합육생칠팔구
運三四成環五七　　　　　운삼사성환오칠
一妙衍萬往萬來 用變不動本　일묘연만왕만래 용변부동본
本心本太陽 昂明人中天地一　본심본태양 앙명인중천지일
一終無終一　　　　　　일종무종일

개벽은 無에서 비롯되니 태일이 시작됨이다.

(개벽이) 三極에서 나뉘어 진행되어도 근본적인 것에는 변함이 없다.

天의 개벽은 造化이고, 地의 개벽은 敎化이며, 人의 개벽은 治化이다.

개벽이 쌓여 合一을 이루면 존귀해지나 그릇이 모자라면 三妄에 빠진다.

天珠는 敎化와 治化로 만들어지고 地珠도 敎化와 治化로 만들어지며 人珠도 敎化와 治化로 만들어지니,

3맥(帶·任·督脈)이 타동 되어야 反極이 열리고 七八九단계로 들어가는 길이 생기며,

대맥(帶脈)과 임·독(任督)을 운기함으로써 천주와 지주가 형성된다.

개벽은 오묘해 수많은 오고 감 속에 완성되니, 형태는 변해도 근본적인 것에는 변함이 없다.

본래의 심성이 본래 밝은 빛이니, 천지가 하나 되어 인의 중심에 밝게 떠오른다.

태일(太一)은 無로 돌아감으로서 이뤄지니 개벽은 비로소 끝을 맺는다.

삼일심법(三一心法)

 삼일심법은 태일(太一)로 들어가는 선도의 수행법이다. 선도수행은 천부경의 내용에 따라 모두 10단계로 나눠져 있다.
 따라서 천부경을 풀이함에 있어 선결되어야 할 것도 숫자다. 천부경에 나오는 숫자는 일(一)에서 십(十)까지의 수(數)로 숫자마다 고유의 뜻이 있지만, 기본적으로는 선도수행에 따른 수련단계를 의미하고 있다.
 사람이 공부를 하건 선법을 수련하건 항상 그 과정에 맞는 단계가 있다. 불교의 선종이나 인도의 사두 수행 역시 근기에 맞는 수련단계가 존재하고 있다.
 천부경에도 단계가 존재한다. 필자는 『천부경』과 『삼일신고』 『태백일사』 등 고전을 통해 선조들이 행하던 심법의 존재를 확인하고, 그 복원에 심혈을 기울인 끝에 마침내 삼일심법을 재현해낼 수 있었다.
 천부경은 인간이 영성을 회복해 하늘로 오르는 경전으로 그 과정이 10개의 구절로 이뤄져 있다. 이 과정을 삼일심법과 함께 비교해 보면 그 뜻을 보다 쉽게 이해할 수 있을 것이다.

삼일심법(三一心法)			
단 계		작 용	현 상
一	개벽	조화(造化)	무극(無極)에서 빛이 생성된다.
二	진화	교화(敎化)	빛의 진화로 단전(丹田)이 형성된다.
三	순환	치화(治化)	양기(陽氣)로 대맥(帶脈)을 운기 시킨다.
四	유통	삼도(三途)	임·독(任督) 유통으로 삼관을 뚫는다.
五	天珠	陽의 조화	단전이 천주(天珠)로 진화된다.
六	타동	삼망(三妄)	임·독(任督) 타동으로 반극(反極)이 열린다.
七	地珠	陰陽의 조화	음양(陰陽)의 기운이 地珠를 형성한다.
八	人珠	天地의 조화	중도(中道)의 기운이 人珠를 형성한다.
九	太珠	太極의 조화	天地人의 기운으로 人珠가 太珠로 진화된다.
十	합일	승화(昇化)	삼주(三珠)의 합일(合一)로 太一을 이룬다.

一始無始一 일시무시일

천부경은 10개의 구절, 81자로 이뤄져 있으며, 그 중 31자가 숫자로 표기되어 있다.

따라서 경전의 오의(奧義)가 숫자 속에 함축되어 있는바 이 수가 의미하는 바를 정확히 알아야 천부경의 진의를 풀어낼 수 있다.

一은 '하나, 처음'이란 의미고, 始는 '비롯하다, 시작하다'의 뜻이며, 無는 '없다, 존재하지 않는'이란 뜻으로 이를 직역해 보면 다음과 같다.

一始無始一
一은 無에서 시작하니 一이 시작됨이다.

一은 무엇인가?

천부경엔 一이 총 11번 나온다. 통상적으로 一은 창조의 수로 우주라 보고 있지만, 사실 그 一속에는 각기 다른 뜻이 복잡하게 내재돼 있기에 一은 천부경에서 아주 난해한 수다.

一은 시간의 순환성으로 보면 시작점이며 우주를 상징한다. 우주

팽창론에 따르면 우주는 텅 빈 공간으로 아무 것도 존재하지 않는 무(無)에서 시작되었다. 바로 빅뱅(Big Bang)이다.

빅뱅으로 탄생된 별들이 진화되어 성장하다 수명이 다하면 소멸된다. 탄생-진화-소멸로 이어지는 일련의 순환과정, 이것이 우주의 법칙이다. 이렇게 빅뱅을 통해 탄생되는 것을 개벽(開闢)이라 한다.

천부경은 인간의 몸을 일신이 삼신으로 내려와 작용하는 작은 소우주로 보고 있다. 우주가 빅뱅에 의해 탄생했듯이 우리 몸에 있는 소우주도 개벽을 통해 깨어나는 것이다.

『태백일사(太白逸史)』를 지은 이맥(李陌 1455~1528)은 조선 연산군 때 사람으로 9천년 한민족사의 혈맥을 펼친 8권의 보서를 『태백일사』로 구성하였다. 「제1장 삼신오제본기」에 따르면 '만물의 존재원리'를 다음과 같이 전하고 있다.

즉범천하일체물 유약개벽이존 유약진화이재 유약순환이유
則凡天下一切物 有若開闢而存 有若進化而在 有若循環而有

유원지기 지묘지신 자유집일함삼지충실광휘자 처지즉존 감지즉응
惟元之氣 至妙之神 自有執一含三之充實光輝者 處之則存 感之則應

기래야 미유시언자야 기왕야 미유종언자야
其來也 未有始焉者也 其往也 未有終焉者也

통어일이미형 성어만이미유
通於一而未形 成於萬而未有

무릇 천하의 만물은 개벽이 있음으로 존재하고, 진화가 있음으로 생존하며, 순환이 있음으로 유지된다.

본원의 기운이 있어 신의 오묘한 조화로 일신이 삼신으로 발현되니, 빛으로 충만한 자는 소생처가 생겨나 느끼는 즉시 반응하게 된다.

올 때는 어찌 시작되었는지 알 수 없고, 갈 때는 어찌 끝났는지 알 수 없다.

모든 것은 개벽(一)으로 통하니 형체가 없어 만사가 이루어져도 느끼지 못한다.

만물은 개벽(開闢)을 통해 탄생하고 진화(進化)를 통해 성장하며 순환(循環)의 과정을 거치며 소멸된다. 이것이 자연의 섭리요 우주의 법칙이다. 따라서 첫 一은 개벽이자 탄생의 시작점인 것이다.

一을 개벽(開闢)이라 보는 것은 두 번째 구절에 나오는 집일함삼(執一含三)에서 일신(一神)이 삼신(三神)으로 발현될 때 개벽-진화-순환의 과정을 거치므로 그 첫 시작점이 개벽이기 때문이다.

이에 따라 '一始無'를 풀어보면 '개벽은 無에서 시작된다.'고 볼 수 있다.

無란 무엇인가?

천부경에서 一만큼이나 중요한 것이 無다. 無는 총 4번에 걸쳐 나오는데 중요한 것은 시작점인 '一始無'와 끝점인 '一終無'다.

앞에서 언급한 「삼신오제본기」 '만물의 존재 원리' 세 번째 줄을 보면, '其來也 未有始焉者也 其往也 未有終焉者也(올 때는 어찌 시작되었는지 알 수 없고, 갈 때는 어찌 끝났는지 알 수 없다).'고 했다.

이것은 '一始無 一終無'와 일맥상통하는 것으로 '一始無'가 아직 일어나지 않은 미증유(未曾有)의 영역으로 원시의 우주를 가리키는 것이라면 '一終無'는 소멸의 無, 즉 해탈(解脫)의 無인 것이다.

그동안 천부경이 풀리지 않았던 이유는 경문이 숫자로 표기되어 있기 때문이기도 하지만 그 진의를 주역으로만 해석하려 했기 때문이다.

천부경은 삼성조 시대부터 이어져 온 우리 민족 고유의 정신문화유산이다. 따라서 천부경을 이해하려면 당시의 동이족 신앙인 집일함삼(執一含三)과 회삼귀일(會三歸一)로 대변되는 삼신(三神) 사상을 이해해야만 한다.

삼신사상이란 일신(一神)이 우리 몸에 삼신(三神)으로 작용하니 삼신의 본성을 찾아 일신으로 돌아가는 것이다. 천부경은 그 길을 81자 속에 함축시켜 전하고 있다.

삼신사상에 따르면 우리 몸속의 작은 우주인 무극(無極)은 창조의 주체인 조화신(造化神)으로 내려와 작용하는 것으로 우리가 의념(意念)으로 인식할 때 비로소 깨어난다.

『삼일신고(三一神誥)』는 『천부경』 『참전계경』과 함께 신교의 3대 경전으로, 삼신의 인성론이 담긴 수행서다. 총5장 366자로 되어 있으며 그 1장이 허공(虛空), 즉 無에 관한 글이다.

<small>제왈 이오가중 창창비천 현현비천</small>
帝曰 爾五加衆 蒼蒼非天 玄玄非天

<small>천무형질 무단예 무상하사방</small>
天无形質 无端倪 无上下四方

<small>허허공공 무부재 무불용</small>
虛虛空空 无不在 无不容

천제께서 이렇게 말씀하셨다.
  너희 오가 중생들아! 푸르고 푸른 것이 하늘이 아니며, 어둡고 어두운 것도 하늘이 아니니라.
  하늘은 형체나 물질로 이뤄진 것이 아니며, 바르거나 여린 것도 아니며, 상하사방이 없다.
  텅 빈 공간이나 존재하지 않는 것이 아니며, 용모가 없는 것도 아니다.

이와 같이 無는 아직 일어나지 않은 미증유의 영역으로 형이상학적 존재이다. 사람의 몸속에 있는 소우주인 무극(無極)도 마찬가지다.
  깨닫지 못했을 때는 미증유의 영역이지만 그 존재를 인식하고 깨달았을 때 무극은 깨어난다. 바로 무극은 의념(意念)에 의해 깨어나는 것이다.

뒤에 나오는 一은 태일(太一)이다. 천부경은 선도의 최종 목표인 태일을 이뤄 신격화되는 경전이기에 첫 구절에 그 목표를 분명하게 밝혀 놓은 것이다. 태일에 관해서는 뒤에 자세하게 설명하겠다. 따라서 첫 구절을 온전히 풀이하면 다음과 같다.

一始無始一
개벽은 無에서 비롯되니 태일이 시작됨이다.

析三極無盡本 석삼극무진본

첫 구절에서 無가 허공에 속한 미증유의 無라면, 두 번째 구절에선 이 無가 개벽의 주체를 이루며 구체화되어 나타난다. 두 번째 구절을 직역해 보면 다음과 같다.

析三極無盡本
삼극으로 나뉘어도 근본은 변함이 없다.

析은 '나누다, 가리어 밝히다'의 뜻이고, 三極이란 말 그대로 세 개의 지점을 가리킨다. 無는 '존재하지 않는, 없다'는 뜻이고, 盡은 '다되다, 없어지다, 끝나다'의 뜻이며, 本은 '뿌리, 근본, 근원'의 뜻이다.

無盡을 묶어 풀이하면 '다함이 없는', '없어지지 않는'으로 이는 '변함이 없다.'는 것이다.

따라서 '일신이 삼신으로 내려와 세 지점에서 나뉘어 작용해도 그 근본적인 것에는 변함이 없다.'는 뜻이다.

삼극(三極)이란?

첫 구절에 나오는 '一始無'의 '無'가 미증유의 영역이었다면, 無가 우리 몸에 삼신으로 작용하며 구체화된 것이 바로 삼극(三極)이다.

'만물의 존재 원리'에서 만물은 '개벽을 통해 탄생하고 진화를 통해 성장하며 순환의 과정을 거치며 소멸된다.'고 하였다.

여기서 '만물'은 3차원의 시각에서 바라본 것이지만, 4차원의 시각으로 본다면 '氣'다. 따라서 氣는 개벽을 통해 탄생하고, 진화를 통해 성장하며, 순환을 통해 다스려진다. 이는 '발귀리의 송가'에 자세히 전하고 있다.

발귀리는 배달 5세 태우의 환웅 때 선인(仙人)으로 소도(蘇塗)에서 열린 제천행사에 참가해 찬송의 글을 지었는데 이 글이 『태백일사』 「소도경전본훈」편에 실려 있다.

대일기극 시명양기 무유이혼 허조이묘
大一其極 是名良氣 無有而混 虛粗而妙

삼일기체 일삼기용 혼묘일환 체용무기
三一其體 一三其用 混妙一環 體用無歧

대허유광 시신지상 대기장존 시신지화
大虛有光 是神之像 大氣長存 是神之化

진명소원 만법시생 일월지자 천신지충
眞命所源 萬法是生 日月之子 天神之衷

이조이선 원각이능 대강우세 유만기중
以照以線 圓覺而能 大降于世 有萬其衆

고원자 일야무극 방자이야반극 각자삼야태극
故圓者一也無極 方者二也反極 角者三也太極

극의 거대한 기운은 선량한 기운이니, 유와 무가 혼재하고 텅 빈듯하나 꽉 차있으니 오묘하다.

삼신은 일신으로 본체를 삼고, 일신은 삼신으로 작용하며 오묘하게 하나가 되니, 본체와 작용이 다르지 않다.

큰 허공 속에 빛이 있으니 신의 모습이요, 큰 기운이 영원하니 신의 조화이다.

참 생명의 시원처로 만법이 바르게 생겨나니 일월의 씨앗이요 천신의 참 마음이다.

빛으로써 나아가니 크게 깨달으면 능통하여 성신이 세상에 내려와 만백성을 번영케 하리라.

그러므로 원은 하나이니 무극이고, 방은 둘이니 반극이요, 각은 셋이니 태극이다.

첫 구절은 우리 몸속에 존재하는 삼극(三極)의 기운에 대해 설명하고 있다.

우리 몸속의 극은 우주처럼 순수한 에너지의 장으로 이뤄져 있다. 형체가 없는 듯하지만, 대기 중에 꽉 차 있는 공기처럼 에너지로 충만하다는 것이다.

두 번째 구절은 삼극의 작용원리를 설명하고 있다.

일신이 삼신으로 내려와 작용하는 것이 삼극으로 이는 귀일함삼(歸一含三)을 뜻하며, 삼극을 통해 다시 일신으로 돌아감이니 이는 회삼귀일(會三歸一)이다.

세 번째 구절은 조화(造化)가 일어나는 무극(無極)에 대한 설명이다.
무극은 석문 안쪽 아랫배에 해당한다.
모든 만물(萬物)은 빛을 통해 탄생한다. 허공 속에서 신이 모습을 드러내는 것이 빛으로 이는 신의 조화로 생겨나는 것이다. 즉 신의 조화로 무극에서 빛이 만들어지는 것이다.
天의 자리인 무극은 창조주인 조화신이 자리하는 곳이기도 하다.

네 번째 구절은 교화(敎化)가 일어나는 반극(反極)에 대한 설명이다.
地의 자리인 반극은 무극의 반대 성향을 띠고 있으며 백회의 안쪽 두뇌에 해당하는 곳으로 '참 생명의 시원처'라 함은 무극과 마찬가지로 반극에서도 빛이 생성되기 때문이다.
'일월의 씨앗'이라 함은 무극에서 생성된 빛이 '양(陽)의 빛'인 데 반해 반극에서 생성되는 빛은 '음(陰)의 빛'이다. 따라서 양(陽)과 음(陰)을 일월(日月)에 비유한 것이다.
地의 자리인 반극은 '참 마음'인 교화신이 자리하는 곳이기도 하다.

다섯 번째 구절은 치화(治化)가 일어나는 태극(太極)에 대한 설명이다.
태극은 옥당 안쪽 심장 부근에 위치하고 있다. 여기서 '크게 깨닫는다.'에 주의할 필요가 있다. 깨달음을 한 번 더 강조한 것은 깨달음의 과정을 2단계로 본 것이다.

무극과 반극에서 생성되는 '天地의 기운'에 의해 태극에 인주(人珠)가 형성되는데 이것이 첫 번째 깨달음의 결과다. 두 번째는 무극 반극 태극에서 생성되는 '天地人의 기운'에 의해 인주(人珠)가 태주(太珠)로 진화되며 天地人 합일이 이뤄진다. 이것이 두 번째 깨달음이다.

人의 자리인 태극은 치화신이 자리하는 곳이기도 하다.

여섯 번째 구절은 삼극(三極)의 원리를 설명하고 있다.

무극은 오직 天의 기운만으로 조화(一)를 이루기에 하나인 원(○)이라 하고, 반극은 天·地의 기운이 교화(二)를 이루기에 둘인 방(□)이라 하며, 태극은 天·地·人의 기운으로 치화(三)가 이뤄지기에 셋인 각(△)이라는 것이다.

따라서 개벽은 무극 반극 태극에서 세 번에 걸쳐 일어나며 이렇게 완성되는 것이 삼주(三珠)다.

근본(根本)이란 무엇인가?

우리 몸속엔 일신이 삼신으로 내려와 작용하는데 근본(根本)이란 바로 삼신이 삼극에서 수행하는 기본적인 역할인 조화에 의한 창조 작용을 말한다.

따라서 개벽이 삼극에서 각기 진행되어도 원리는 똑같다는 것이다.

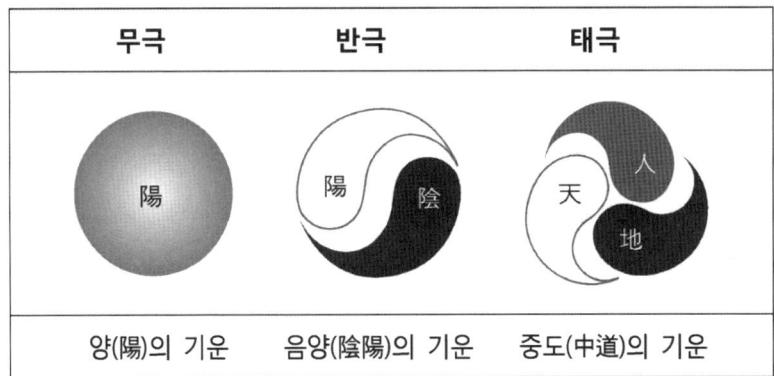

〈기운의 변화〉

 이러한 개벽은 결국 일신이 삼신으로 작용하는 성(性)·명(命)·정(精)을 닮아 다시 일신으로 돌아가는 것으로 이 성·명·정이 우리 몸속에 구체화된 것이 영(靈) 혼(魂) 백(魄)이다.
 영(靈)은 하늘로부터 내려오는 근본인 심성(性)이고, 혼(魂)은 땅으로부터 주어지는 생명(命)이요 뿌리며, 백(魄)은 자라면서 길러지는 기질(精)이요 기백인 것이다.
 따라서 사람이 죽으면 영(靈)은 하늘로 올라가고, 육신인 혼(魂)과 백(魄)은 다시 땅속에 묻혀 썩어 없어진다.
 그러면 사람이 죽지 않고 영원히 살아가는 방법은 없는가?
 바로 삼신(三神)으로 내려온 성·명·정을 다시 일신(一神)화시켜 영성(靈性)을 회복해 근본으로 돌아가는 것이 그 방법이다.

 위에서 본 바와 같이 첫 구절에 나온 미증유의 無가 두 번째 구절에선

三極의 역할을 통해 구체화되고 있다.

따라서 첫 구절과 두 번째 구절을 묶어 온전히 풀이하면 다음과 같다.

一始無始一
析三極無盡本

개벽은 無에서 비롯되니 태일이 시작됨이다.
(개벽이) 三極에서 나뉘어 진행되어도 근본적인 것에는 변함이 없다.

天――地―二人―三 천일일지일이인일삼

天――地―二人―三
天의 —은 —이라 하고, 地의 —을 二라 하며, 人의 —을 三이라 한다.

세 번째 구절은 일신이 삼신으로 작용하는 天地人의 실체와 역할에 대해 말해주고 있다. 앞서 첫 번째 —을 개벽이라 하였다. 개벽은 우리 몸에서 총 3번에 걸쳐 일어나는데 이를 天의 개벽(天―), 地의 개벽(地―), 人의 개벽(人―)이라 한다.

그렇다면 '天地人의 개벽' 뒤에 나오는 '— 二 三'은 무엇일까?

天의 —, 地의 二, 人의 三이란?

이는 이맥(李陌)의 『태백일사』 「삼신오제본기」에 명확하게 나와 있다.

계부삼신 왈천일 왈지일 왈태일
稽夫三神 曰天一 曰地一 曰太一

천일주조화 지일주교화 태일주치화
天一主造化 地一主敎化 太一主治化

몸속에 들어앉은 삼신은 天一과 地一과 太一이다.
天一은 조화를 주관하고, 地一은 교화를 주관하며, 太一은 치화를 주관한다.

이와 같이 天一은 조화를 주관하고, 地一은 교화를 주관하며, 太一은 치화를 주관한다고 나와 있다. 여기서 人一을 太一이라 함은 人이 삼망(三妄)에서 벗어나 삼진(三眞)에 들어섰음을 말하는 것으로, 위에 언급한 대로 '크게 깨달음'을 얻어 선인으로 나아갔음을 뜻한다.
무극에서 일어나는 조화의 '창조 작용'이나 반극에서 일어나는 교화의 '진화 작용'은 모두 무의식 세계에서 일어나는 현상이지만, 태극에서 일어나는 치화는 스스로 몸과 마음을 다스려 天地人 합일을 이뤄야 태일을 이룰 수 있다.

天一主造化

天은 무극이다. 우주에 태양이 있음으로 만물이 탄생하고 자랄 수 있듯이, 우리 몸에 들어있는 소우주인 무극(天)에서 빛이 창조(一)되어 천주를 형성해간다. 이 개벽을 가리켜 '天의 조화작용'(一)이라 하니 바로 '天一一'이다.

地一主敎化

地는 반극이다.

반극에서 자생되는 음(陰)의 기운과 무극에서 생성된 양(陽)의 기운이 만나 '음양의 조화'(一)를 일으키며 지주를 형성해 간다. 이 개벽을 가리켜 '地의 교화 작용'(二)이라 하니 바로 '地一二'다.

太一主治化

　太는 人의 자리인 태극이다. 천주와 지주가 형성되고 나면 天地의 기운이 태극으로 모여 '天地의 조화'(一)가 일어나며 인주를 형성해 가는데, 이 개벽을 가리켜 '人의 치화 작용'(三)이라 하니 바로 '人一三'이다.

　이렇게 '天의 조화' '地의 교화' '人의 치화' 작용에 의해 만들어지는 것이 天·地·人 삼주(三珠)다. 삼주가 모두 형성되면 天地人 합일을 이룰 수 있는바 그렇게 완성되는 것이 太一이다.
　이맥의 『태백일사』 「삼신오제본기」엔 이 삼주의 실체와 天地人의 작용에 대해서 자세히 언급하고 있다.

　　고 려 팔 관 기 삼 신 설 운
　　高麗八觀記三神說云

　　상 계 주 신　기 호 왈 천 일　주 조 화　유 절 대 지 고 지 권 능
　　上界主神 其號曰天一 主造化 有絶大至高之權能

무형이형 사만물 각통기성 시위청진대지체야
無形而形 使萬物 各通其性 是爲淸眞大之體也

하계주신 기호왈지일 주교화 유지선유일지법력
下界主神 其號曰地一 主敎化 有至善惟一之法力

무위이작 사만물 각지기명 시위선성대지체야
無爲而作 使萬物 各知其命 是爲善聖大之體也

중계주신 기호왈태일 주치화 유최고무상지덕량
中界主神 其號曰太一 主治化 有最高無上之德量

무언이화 사만물 각보기정 시위미능대지체야
無言而化 使萬物 各保其精 是爲美能大之體也

연 주체즉위일상제 비각유신야 작용즉삼신야
然 主体則爲一上帝 非各有神也 作用則三神也

『고려팔관기』의 「삼신설」에 이르기를

  상계의 주신은 천일(天一)로 불리시니, 조화를 주관하시고 절대지고의 권능을 갖고 계신다.

  형체가 없이 형체를 드러내시어 만물을 제각기 그 본성으로 통하게 하시니, 이 분은 맑음과 참됨의 대본체이시다.

하계의 주신은 지일(地一)로 불리시니, 교화를 주관하시고 유일하게 선으로 이끄는 법력을 갖고 계신다.

끝이 없이 만물을 짓고 만물이 제각기 그 생명을 알게 하시니, 이 분은 선함과 거룩함의 대본체이시다.

중계의 주신은 태일(太一)로 불리시니, 치화를 주관하시고 최고무상의 덕량을 갖고 계신다.

말없이 치화하시고 만물이 제각기 그 정기를 보전케 하시니, 이 분은 아름다움과 능함의 대본체이시다.

그러나 주체는 '한 분의 상제님'이시니, 神이 각기 따로 있는 것이 아니라 작용으로 볼 때 삼신이시다.

여기서 주의할 것은 상계 중계 하계에 대한 것이다.

이것을 단전과 연계시켜 상단전, 중단전, 하단전이라 생각하면 대단한 착각이다. 흔히 삼단전은 인당, 옥당, 석문에 각기 자리하고 있으며 인당(印堂)을 天으로 알고 수련하고 있다. 사실 필자도 그렇게 알고 수련했던 적이 있다.

그런데 천부경을 연구하며 그것이 대단히 잘못된 것임을 알게 되었으며, 이런 잘못된 지식과 오류들로 인해 선도의 명맥이 끊어졌음을 알게 되었다.

천부경 다섯 번째 구절은 三珠가 만들어지는 과정이니 단전에 관한 것은 그때 자세하게 설명하겠다.

위에서 말하는 上界는 천상계(天上界)를 말하는 것으로 상계주신은

天의 자리인 무극에 위치한 조화신을 말하고, 下界는 지하계(地下界)를 말하는 것으로 하계주신이라 함은 地의 자리인 반극에 위치한 교화신을 말하며, 中界는 중간계(中間界)를 이르는 것으로 중계주신은 人의 자리인 태극에 위치한 치화신을 말한다.

상계신이 우리 몸에 性으로 들어와 조화를 주관하고, 하계신이 우리 몸에 命이 되어 교화를 주관하며, 중계신이 우리 몸에서 精을 형성하며 치화를 주관한다.

따라서 조화를 주관하는 상계주신의 대본체는 천주이고, 교화를 주관하는 하계주신의 대본체는 지주이며, 치화를 주관하는 중계주신의 대본체는 태주이다. 대본체인 태주가 모습을 드러내면, 천주와 지주가 태극으로 모여 천지인 합일을 이루게 되는바 바로 태일이다.

첫 구절부터 세 번째 구절까지 묶어 온전히 풀이하면 다음과 같다.

一始無始一
析三極無盡本
天一一地一二人一三

개벽은 無에서 비롯되니 태일이 시작됨이다.
(개벽이) 三極에서 나뉘어 진행되어도 근본적인 것에는 변함이 없다.
天의 개벽은 造化이고, 地의 개벽은 敎化이며, 人의 개벽은 治化이다.

一積十鉅無匱化三 일적십거무궤화삼

一積十鉅無匱化三
一이 쌓여 十을 이루면 존귀해지나 그릇이 안 되면 三으로 돌아간다.

積은 '쌓을 적', 鉅는 '존귀할 거'다. '一積十鉅'를 직역하면 '1이 쌓여 10을 이루면 존귀해진다.'는 뜻으로 10은 완벽한 숫자이자 성취를 뜻한다.

앞에서 첫 '一'을 개벽이라 했다. 그래서 天의 개벽은 一이고, 地의 개벽은 二이며, 人의 개벽은 三이다. 이렇게 개벽은 天地人의 자리인 무극 반극 태극에서 모두 세 번에 걸쳐 일어난다. 따라서 '一이 쌓인다.' 함은 '개벽이 쌓여가는 것'이다.

'개벽이 쌓여 十을 이룬다.'는 것은 천부경이 모두 10단계로 되어 있다는 의미임을 알 수 있다.

十은 무엇을 가리키는가?

그렇다면 '十'은 어디에 기인하는 것인가?
우리는 天一一地一二人一三에서 그 의미를 찾아볼 수 있다. 天地人

의 수 '一一 一二 一三'을 모두 합하면 9가 된다. 따라서 9는 천의 조화, 지의 교화, 인의 치화 작용을 통해 이뤄진다.

이렇게 天地人의 작용으로 이뤄지는 것이 태주다. 따라서 天地人의 합인 9는 바로 태주의 수인 것이다.

天地人의 작용으로 9를 이뤘다. 그런데 여기에 하나(一)를 더 보태면 10(十)을 이뤄 완벽해 진다고 한다. 바로 완벽의 수인 10은 태일(太一)의 수인 것이다.

그렇다면 부족한 '하나(一)'는 무엇인가?

태일은 天地人 합일(合一)에 의해 이뤄진다. 따라서 부족한 '하나(一)'는 회삼귀일(會三歸一)로 들어가는 합일(合一)의 수, 즉 태일로 들어가는 수인 것이다.

無匱化三이란?

匱는 '함을 나타내는 궤'로 쌀을 담아두던 뒤주를 말한다. 無匱를 직역하면 '담을 그릇이 없다면'이다. 그렇다면 匱는 '十'을 담을 그릇을 말하는 것으로, 뒤주는 그릇이 작으면 적게 들어가고 그릇이 크면 그만큼 많이 들어가는 것으로 마음의 도량인 성품을 나타낸다.

'化三'에서 三은 삼망(三妄)을 뜻한다.

삼망이란, 삼신의 발현체인 성명정(性命精)이 심기신(心氣身)으로 작용하는데 이 심기신이 사물과 접하면서 '감각적 차원'으로 변하는 것이 바로 감식촉(感息觸)이다. 감(感)은 느끼는 것, 식(息)은 호흡하는 것, 촉(觸)은 접촉하는 것이다.

인간의 마음은 감정으로 표현되고, 기는 숨결을 통해서 작동되며, 몸은 촉감을 통해서 느끼게 되기 때문이다.

감식촉은 주위 환경에 따라 끊임없이 변하기 때문에 '세 가지 허망한 것'이라는 뜻으로 삼망이라 하며 태일을 이루기 위해선 반드시 몸(身)과 마음(心)을 닦아 청정한 상태를 만들어야 만 한다.

따라서 '無匱化三'을 풀어보면 '마음을 다스리지 못하면 삼망으로 빠진다.'는 뜻이다.

『태백일사』 제4장 「삼한관경본기」에 나오는 이 구절은 신교수행의 핵심을 찌르고 있다.

일 적 이 음 립   십 거 이 양 작   무 궤 이 충 생 언
一積而陰立 十鉅而陽作 無匱而衷生焉

一이 쌓여 음지에서 일어나고, 十에 이르러 빛으로 결실을 맺으니 비우지 못하면 어찌 참마음을 얻을 수 있으리.

'一이 쌓인다.' 함은 무극에서 생성된 '양의 기운'이 3대 맥인 대맥과 임·독 양맥을 유통시키는 과정이다. 대맥에 이어 임·독이 완전 타동되면 비로소 반극이 열린다.

'음지에서 일어난다.' 함은 임·독 타동으로 반극(反極)이 열리면 '음의 기운'이 자생되어 나온다. 즉 무극에서 생성된 '양의 기운'으로 3대 맥을 뚫고 나면, 반극이 열려 '음의 기운'이 생성된다는 것이다.

반극은 地의 자리다. 따라서 반극에서 생성되는 '음(陰)의 기운'이 무극에서 생성되는 '양(陽)의 기운'과 만나 '음양(陰陽)의 조화'로 지주(地珠)를 형성해 간다.

이 과정을 다시 설명하자면 단전인 천주가 형성되어 대맥과 임·독을 타동시키면 반극이 열리며 지주가 만들어진다는 것이다.

'빛으로 결실을 맺는다.' 함은 천주와 지주에서 형성되는 天·地의 기운이 태극(太極)에 모여 '태극의 조화'로 '중도(中道)의 빛'이 만들어지는데, 이 중도의 빛으로 인주(人珠)가 형성되며 태일로 들어가는 길이 열린다는 것이다.

이 '중도의 빛'은 양이나 음의 기운과는 다른 순수한 기운이다. 천부경을 가리켜 '天地 중도심법'이라 하는 것은 바로 天·地의 기운으로 마음을 다스려 나간다는 것으로 이로 인해 형성되는 것이 인주다.

'無匱'는 인성(人性)을 뜻하는 말이다.

천부경은 심신(心身)을 수련하는 경전이다. 천부경 81자를 가로 세로 9칸으로 나눠 썼을 때 정중앙에 위치하는 수가 '六'이다. 이 때문에 많은 사람들이 의미도 모른 채 '六'을 떡밥으로 사용하고 있다.

'六'은 신(身)의 수련에서 심(心)의 수련으로 넘어가는 분기점이다.

'삼일심법'의 六단계는 임·독이 타동되어 반극이 열리며 '음양(陰陽)의 조화'가 일어나기 시작한다.

반극에서 형성되는 '음양의 빛(기운)'은 무극에서 생성되는 '양(陽)의 기운'과는 차원이 다르다. 이 빛의 생성에 관여하는 것이 마음(心)이다. 五단계까지가 '신(身)의 수련'이었다면 七단계부터는 '심(心)의 수련' 과정으로 들어간다. 六단계는 그 중간점으로 말이나 행동 자체가 수련에 영향을 미친다.

그렇다면 수행자가 지녀야 할 마음가짐이란 무엇인가?

바로 평안하고 고요한 마음의 상태인 평정심(平靜心)을 말한다. 평정심은 마음을 비우는 것으로 욕망과 욕심 등 삼망(三妄)으로부터 벗어나는 것이다. 따라서 첫 구절부터 네 번째 구절까지 묶어 온전히 풀이하면 다음과 같다.

一始無始一
析三極無盡本
天一一地一二人一三
一積十鉅無匱化三

개벽은 無에서 비롯되니 태일이 시작됨이다.
(개벽이) 三極에서 나뉘어 진행되어도 근본적인 것에는 변함이 없다.
天의 개벽은 造化이고, 地의 개벽은 敎化이며, 人의 개벽은 治化이다.
개벽이 쌓여 合一을 이루면 존귀해지나 그릇이 모자라면 三妄에 빠진다.

天二三地二三人二三 천이삼지이삼인이삼

天二三地二三人二三
天은 二와 三이고, 地도 二와 三이며, 人도 二와 三이다.

다섯 번째 구절은 얼핏 보면 세 번째 구절과 비슷해 보인다. 그러나 세 번째 구절의 '天地人'이 삼신이 작용하는 삼극에 관한 것이라면, 다섯 번째 구절의 '天地人'은 삼신이 구체적으로 형상화되는 삼주(三珠)를 가리킨다.

따라서 다섯 번째 구절은 삼주가 형성되는 과정을 설명하는 것으로 이는 세 번째 구절과 비교해 풀어보면 그 의미를 명확히 알 수 있다.

天一一地一二人一三
天의 개벽은 조화(一)이고, 地의 개벽은 교화(二)이며, 人의 개벽을 치화(三)라 한다.

天二三地二三人二三
天珠는 교화(二)와 치화(三)로 이뤄지고, 地珠도 교화(二)와 치화(三)로 이뤄지며, 人珠도 교화(二)와 치화(三)로 이뤄진다.

삼주(三珠)는 어떻게 형성되는가?

『천부경』은 인간이 빛의 조화를 통해 영적 승화를 이뤄 하늘에 오르는 경전으로 그 과정이 숫자로 함축되어 있다. 그러니 천부경 속에 표기된 31자의 숫자를 이해한다면 그 속에 내재된 진의를 밝혀낼 수 있을 것이다.

필자는 천부경에 표기된 31자의 수(數)에 일정한 법칙이 있음을 알게 되었다. 그리고 마침내 그 법칙을 풀어 옛 선조들이 수행하던 선도 수행법인 '삼일심법'을 복원할 수 있었다.

삼일심법(三一心法)			
단계	작용		현 상
一	개벽	조화(造化)	무극(無極)에서 빛이 생성된다.
二	진화	교화(敎化)	빛의 진화로 단전(丹田)이 형성된다.
三	순환	치화(治化)	양기(陽氣)로 대맥(帶脈)을 운기 시킨다.
四	유통	삼도(三途)	임·독(任督) 유통으로 삼관을 뚫는다.
五	天珠	陽의 조화	단전이 천주(天珠)로 진화된다.
六	타동	삼망(三妄)	임·독(任督) 타동으로 반극(反極)이 열린다.
七	地珠	陰陽의 조화	음양(陰陽)의 기운이 地珠를 형성한다.
八	人珠	天地의 조화	중도(中道)의 기운이 人珠를 형성한다.
九	太珠	太極의 조화	天地人의 기운으로 人珠가 太珠로 진화된다.
十	합일	승화(昇化)	삼주(三珠)의 합일(合一)로 太一을 이룬다.

'세 개가 하나'로 돌아가는 삼일심법은 인간이 숨결을 다스려 태일을 이루는 과정이 천부경의 내용에 따라 체계적으로 도표화되어 있다.

삼주가 형성되는 과정은 상당히 복잡하다.
一단계에서 첫 개벽을 통해 무극에서 빛이 생성되면, 二단계에서 빛의 진화를 통해 무극에 단전(丹田)이 만들어진다. 단전이 형성되면 三단계 단전의 힘에 의해 '양의 기운'이 석문을 뚫고 대맥으로 순환을 시작한다. 대맥이 닦이고 나면 '양의 기운'은 자연스럽게 四단계 독맥과 임맥을 타고 흐르며 임·독 양맥을 유통시켜 나간다.
천주는 이와 같이 무극에서 생성된 '양의 기운'이 무극의 교화(二) 작용을 통해 단전으로 진화되고, 진화된 단전의 힘에 의해 순환(三)하는 과정에 만들어진다. (天二三)

六단계에서 임·독 양맥이 타동되면 반극이 열린다. 반극은 地의 자리로 '음의 기운'이 자생되는 곳이다. 반극이 열리면 무극에서 만들어진 '양의 기운'과 반극에서 자생되는 '음의 기운'이 '음양의 조화'를 일으키며 지주가 형성된다.
다시 말해 지주는 단전의 힘에 의해 순환(三)되어 올라오는 '양의 기운'이 반극에서 '음의 기운'과 만나 교화를 통한 '음양의 조화'로 진화(二)되며 만들어진다. (地二三)

七단계에서 지주가 형성될 때쯤에는 무극의 단전도 빛으로 닦이며

五단계 천주로의 진화가 마무리된다. 이렇게 천주와 지주가 형성되고 나면 그동안 무극과 반극이 하던 역할을 천주와 지주가 대신하게 되며 천주에서 '天의 기운'이 일어나고, 지주에서 '地의 기운'이 일어나면서 八단계로 이어진다. 인주는 '天의 기운'과 '地의 기운'이 태극에 모여 '태극의 조화' 작용을 통해 만들어진다.

다시 말해 인주는 천주와 지주에서 생성되는 '天地의 기운'을 순환(三)시켜 태극으로 모으면 '태극의 조화'로 '중도(中道)의 빛'이 만들어진다. 이 '중도의 빛'이 태극의 교화(二) 작용을 통해 인주화되는 것이다. (人二三) 따라서 첫 구절부터 다섯 번째 구절까지 묶어 온전히 풀이하면 다음과 같다.

一始無始一
析三極無盡本
天一一地一二人一三
一積十鉅無匱化三
天二三地二三人二三

개벽은 無에서 비롯되니 태일이 시작됨이다.
(개벽이) 三極에서 나뉘어 진행되어도 근본적인 것에는 변함이 없다.
天의 개벽은 造化이고, 地의 개벽은 敎化이며, 人의 개벽은 治化이다.
개벽이 쌓여 合一을 이루면 존귀해지나 그릇이 모자라면 三妄에 빠진다.
天珠는 敎化와 治化로 만들어지고, 地珠도 敎化와 治化로 만들어지며, 人珠도 敎化와 治化로 만들어진다.

大三合六生七八九 대삼합육생칠팔구

이 여섯 번째 구절은 선도수련의 분기점이다. 다섯 번째 구절이 삼주의 생성원리를 설명한 것이라면 이 구절은 삼주의 형성과정을 설명한 것이다.

삼일심법에서 보듯 삼주를 만들기 위해서는 반드시 임·독 양맥을 타동시켜야만 한다. 임·독 타동은 단전이 천주로의 진화가 마무리되었음을 뜻한다.

여섯 번째 구절을 직역하면 다음과 같다.

大三合六生七八九
큰三의 합이 六이 되면 七八九가 생겨난다.

大三은 무엇인가?

앞에 나온 三이 '人의 수'였다면, 여기서 말하는 三은 삼일심법 1, 2, 3단계를 뜻하는 것으로 1단계 '조화의 작용', 2단계 '교화의 작용', 3단계 '치화의 작용'을 뜻한다. 이 세 가지 작용으로 닦이는 것이 3대 맥인 대맥, 독맥, 임맥이다.

우리 몸에는 '기경8맥'이라는 맥이 존재한다. 그 중 뼈대를 이루는 가장 중요한 맥이 대맥, 독맥, 임맥이다.

삼일심법 5단계를 거치며 단전이 천주로 진화해 간다. 이 과정을 되짚어 보면 1단계에서 무극의 '조화 작용'으로 '양의 빛'이 만들어지고, 2단계에서 '양의 빛'이 무극의 '교화 작용'으로 단전이 만들어지며, 3단계에서 '양의 빛'이 단전의 '치화 작용'에 의해 석문을 뚫고 대맥을 타고 흘러나간다. 말하자면 대맥은 무극의 조화, 교화, 치화 작용에 의해 순환되는 과정에서 닦여나가는 것이다.

대맥이 닦이고 나면 4단계로 넘어가 '양의 빛'은 자연 독맥을 타고 올라 임·독 양맥을 유통시켜 나간다. 천주는 5단계에서 임·독 양맥이 유통되는 과정에 단전이 진화해 형성된다.

따라서 6단계의 타동이란 '양의 빛'으로 3대맥을 닦아 나가는 과정에 단전이 천주로의 진화가 마무리되는 시점에 이뤄지는 것이다.

'大三의 합이 六이 되면'은 조건부다. 위에서 말한 대로 '무극의 빛'으로 3대맥을 닦아 타동시켜야 반극이 열린다는 것으로, 이는 단전이 천주로의 진화가 마무리되어야 한다는 뜻이다.

천부경이 참으로 대단한 경전이라 할 수 있는 것은 그 오의(奧義)를 전하는 데 있어 산수학적으로 풀어 놓아 많은 의미를 함축하고 있기 때문이다.

예를 들어 天地人의 작용인 一二三을 합하면 六이 된다.

이 六은 3대맥이 타동되는 시점으로 반극이 열리는 六단계와 연계

되는 수이다. 경전의 전체 숫자가 31자로 되어 있는 것은 신교의 회삼귀일(會三歸一) 사상을 담고 있음이며, 전체 81자를 합하면 합이 9로 '九'는 '一積十鉅'를 나타내는 것으로 이는 '합일(合一)'로 들어가는 수이기도 하다.

여기서도 三의 앞에 大를 붙임으로서 삼극과 구별 지으면서 3대 맥을 암시하고 있다. 이것은 농은 유집본에서 '大三合'이 '大氣合'으로 표기되며, '三'이 '氣'의 통로임을 명확히 밝혀주고 있다.

'七八九가 생겨난다.' 함은 '무극의 빛'으로 3대맥을 닦아 타동시켜야 다음 단계인 七八九단계로 넘어가는 길이 열린다는 것이다. 그 길의 분기점이 바로 반극이다.

이와 같이 '大三'이라 함은 반극을 열기 위한 필수조건인 3관문을 뚫어야 반극이 열리고, 七八九단계로 들어가 지주 인주 태주를 형성해야 합일로 들어가는 길이 보이는 것이다.

앞에서 '그릇이 모자라면 삼망에 빠진다.'고 하였다. 태일을 이루기 위해서는 마음을 평정심으로 다스려 삼망을 극복해야 삼진으로 들어갈 수 있는 것이다.

『삼일신고(三一神誥)』는 천부경의 수행서이다. 이 삼일신고 제5장 「인물 편」에 이에 대한 글이 나온다.

인물동수삼진 유중미지 삼망착근 진망대작삼도
人物同受三眞 惟衆迷地 三妄着根 眞妄對作三途

왈 성 명 정   인 전 지 물 편 지
曰性命精　人全之物偏之

진성선무악상철통　진명청무탁중철지　진정후무박하철보　반진일신
眞性善無惡上哲通　眞命淸無濁中哲知　眞精厚無薄下哲保　返眞一神

사람과 만물이 다 같이 삼진을 부여받았으나, 지상에 사는 것 중 오직 사람만이 미혹되어 삼망이 뿌리를 내려 삼진이 삼망에 의해 삼도의 변화를 짓게 된다.

천제께서 다시 말씀하셨다. 삼진은 성품과 목숨과 정기니, 사람은 이를 온전히 다 부여받았으나 만물은 치우치게 받았느니라.

참된 성품은 선하여 악함이 없으니 상철로 통하고, 참된 목숨은 맑아 흐림이 없으니 중철로 깨달으며, 참된 정기는 후덕하여 천박함이 없으니 하철로 보호해야 하느니 이 삼진을 잘 닦아 본연의 모습으로 돌아갈 때 상제님의 조화세계에 들어갈 수 있느니라.

여기서 주의할 것은 상철 중철 하철에 대한 견해다. 상철 중철 하철을 잘못 이해하면 자칫 상·중·하 삼단전으로 착각하기 쉽다.

앞서 세 번째 구절을 설명하며 상계신이 우리 몸에 성(性)으로 들어와 무극을 형성해 조화를 주관하고, 하계신이 우리 몸에 명(命)으로 들어와 반극을 형성해 교화를 주관하며, 중계신이 우리 몸에 정(精)으로 들어와 태극을 형성해 치화를 주관한다고 하였다.

그렇다면 여기서 상철 중철 하철은 무엇을 가리키는가?

바로 삼진으로 작용하는 성·명·정을 닦으며 깨달아 가는 과정을 설

명하는 것이다. 성(性)은 제일 먼저 형성되는 것(천주)이라 상철이라 하고, 명(命)은 두 번째로 형성되는 것(지주)이라 중철이라 하였으며, 정(精)은 마지막에 형성되는 것(태주)이라 하철이라 한 것이다.

'삼진은 성품(性)과 목숨(命)과 정기(精)다(曰性命精)'. 따라서 상철은 성(性)을 뜻하고, 중철은 명(命)을 뜻하며, 하철은 정(精)을 뜻하는 것이다. 성은 만물의 생명을 창조하는 '天의 작용'인 조화요, 명은 만물을 기르고 가르치는 '地의 작용'인 교화이며, 정은 만물을 주재하고 다스리는 '人의 작용'인 치화다.

따라서 성(性)은 하늘로부터 내려오는 것이고, 명(命)은 땅에서 주어지는 것이며, 정(精)은 자라면서 완성되는 것이다.

모든 생명체가 성(性)·명(命)·정(精)이란 참 생명을 부여받았는데 오직 인간만이 탐욕스러워 감(感)·식(息)·촉(觸)이란 감정에 휘둘리며 허망하게 살아가고 있으니 지감 조식 금촉의 삼도(三途)로 심(心)·기(氣)·신(身)에 작용하는 삼망을 극복해 삼진을 회복하라는 것이다.

성·명·정 삼진을 회복하기 위해서는 먼저 삼관을 뚫어야 한다. 삼관은 삼진으로 들어가기 위한 길목에 위치한 가장 중요한 요충지다.

첫 번째 관문은 대맥이고, 두 번째 관문은 독맥이며, 세 번째 관문이 임맥이다. 이 세 관문을 뚫기 위해서는 엄청난 인내와 노력이 필요하다. 그러나 삼진인 성·명·정으로 들어가기 위해서는 필히 극복해야만 하는 고통인 것이다.

그러면 어떻게 해야 삼망으로 길들여진 감·식·촉을 다스려 삼진으로 나아가 참된 성품, 참된 생명, 참된 정기를 찾을 수 있는가?

삼망을 다스리는 것은 삼도(三途)다. 마음속에 일어나는 감정은 지감(止感)을 통해 억제하고, 헛된 욕구를 일으키는 접촉은 금촉(禁觸)을 통해 최소한으로 줄인다. 감정과 욕망이 마음속에 일어날 때는 호흡이 불규칙해지고 초조해진다. 이러한 마음의 변화는 조식(調息)으로 누그러트린다.

그러나 이것은 임시방편일 뿐이다. 이러한 마음의 변화를 일으키는 삼망을 극복하고 삼진을 회복시키는 열쇠가 삼주인 것이다. 대맥과 임·독 양맥의 타동으로 반극이 열려야 삼진을 닦아 본래의 모습을 찾아 조화세계로 들어갈 수 있다.

따라서 첫 구절부터 여섯 번째 구절까지 묶어 온전히 풀이하면 다음과 같다.

一始無始一
析三極無盡本
天一一地一二人一三
一積十鉅無匱化三
天二三地二三人二三
大三合六生七八九

개벽은 無에서 비롯되니 태일이 시작됨이다.
(개벽이) 三極에서 나뉘어 진행되어도 근본적인 것에는 변함이 없다.
天의 개벽은 造化이고, 地의 개벽은 敎化이며, 人의 개벽은 治化이다.

개벽이 쌓여 合一을 이루면 존귀해지나 그릇이 모자라면 三妄에 빠진다.

天珠는 敎化와 治化로 만들어지고, 地珠도 敎化와 治化로 만들어지며, 人珠도 敎化와 治化로 만들어지니,

3맥(帶·任·督脈)이 타동 되어야 反極이 열리고 七八九단계로 들어가는 길이 생긴다.

運三四成環五七 운삼사성환오칠

임·독이 타동됨으로서 반극이 열리며 비로소 태일로 들어가는 길이 열렸다. 그렇다면 태일을 이루기 위해 선행되어야만 하는 천주와 지주는 어떻게 만들어지는가?

이 일곱 번째 구절은 천주와 지주가 형성되는 과정을 설명하고 있다.

무극에 이어 반극이 열리게 된 것은 수행자가 진정한 도(道)의 길로 들어섰음을 의미한다. 이는 지금까지 수행의 자세에서 구도의 자세로의 전환이 필요하기 때문이다. '수행'이 건강을 위해 몸을 닦아온 것이라면 '구도'는 깨달음을 추구하는 단계로의 진입이다.

일곱 번째 구절을 설명하면 다음과 같다.

運三四成環五七
三과 四를 운기하면 五와 七의 고리가 완성된다.

運은 '돌리다. 회전하다.'의 뜻이고, 環은 '둥근 고리'를 뜻한다.

삼일심법에서 3단계는 대맥을 순환시키는 단계이고, 4단계는 임·독 양맥을 유통시키는 단계이다.

앞에서 말했듯 단전(丹田)은 '붉게 타오르는 밭'이란 의미로 무극에서 빅뱅으로 인해 탄생한 태양과 같은 존재다. 초기 단전은 젤과 같은 상태로 무극에서 탄생되는 빛에 의해 커지면서 환(環)의 형태로 단단하게 굳어지며 구슬(珠)로 결정화되어간다.

다시 말해 단전은 무극에서 탄생하는 '양의 기운'이 단전을 통해 대맥으로 순환되는 과정에서 단전이 천주로 진화되는 것이고, 지주는 무극의 '양의 기운'과 반극의 '음의 기운'이 '음양의 조화'를 일으키며 만들어진다.

따라서 대맥을 운기(運氣)하는 과정에 천주가 만들어지고, 임·독(任督) 양맥을 유통시키는 과정에 지주가 형성되는 것이다.

삼일심법(三一心法)		
단 계	작 용	현 상
三	순환	치화(治化)	양기(陽氣)로 대맥(帶脈)을 운기 시킨다.
四	유통	삼도(三途)	임·독(任督) 유통으로 삼관을 뚫는다.
五	天珠	陽의 조화	단전이 천주(天珠)로 진화된다.
七	地珠	陰陽의 조화	음양(陰陽)의 기운이 地珠를 형성한다.

일곱 번째 구절에서 '三과 四를 운기하면 五와 七의 고리가 완성된다.' 함은 바로 무극과 반극에 천주와 지주란 氣의 소생처가 생겨났음을 말한다.

3단계 대맥을 운기하는 과정에 5단계 천주가 만들어져 무극을 대체하고, 4단계 임·독(任督) 양맥을 유통시키는 과정에 7단계에서 지주가 형성되어 반극을 대체하게 된다.

 삼일심법으로 신교수행을 함에 있어서 꼭 전 단계가 완전히 마무리 되어야만 다음 단계로 넘어가는 것이 아니다. 전 단계의 70~80% 정도가 완성되면 다음 단계로 넘어가고 또 수련을 하다 보면 유기적으로 전 단계가 완성되어간다.

 따라서 7단계에서 지주가 환으로 성장해 반극(反極)에 자리를 잡기 위해서는 먼저 천주가 무극(無極)에서 天의 소생처로 자리를 잡아야 지주도 반극(反極)에서 地의 소생처로 자리를 잡아갈 수 있다.

 행촌(杏村) 이암(李嵒 1297~1364)은 고려 충렬왕 때 사람으로 그가 지은 『단군세기(檀君世紀)』 서문에 천주와 지주에 관한 글이 나온다.

부 삼 신 일 체 지 도   재 대 원 일 지 의
夫三神一體之道 在大圓一之義

조 화 지 신   강 위 아 성   교 화 지 신   강 위 아 명   치 화 지 신   강 위 아 정
造化之神 降爲我性 敎化之神 降爲我命 治化之神 降爲我精

고 유 인   위 최 귀 최 존 어 만 물 자 야
故惟人 爲最貴最尊於萬物者也

부성자 신지근야 신본어성 이성미시신야
夫性者 神之根也 神本於性 而性未是神也

기 지 형형불매자 내 진성야
氣之炯炯不昧者 乃眞性也

시이 신불리기 기불리신
是以 神不離氣 氣不離神

오신지신 여기 합이후 오신지성여명 가견의
吾身之神 與氣 合而後 吾身之性與命 可見矣

대저 삼신일체의 도는 도의가 크게 하나 됨에 있으니

조화신이 내려와 성품이 되고, 교화신이 내려와 생명이 되며, 치화신이 내려와 정기가 된다.

그러므로 사람만이 만물 가운데 가장 귀하고 존엄한 존재가 된다.

타고난 성품은 신의 근원이요 신이 성품에 뿌리를 두고 있지만 성품이 곧 신은 아니다.

기가 환히 빛나 미혹하지 않은 것이 참된 성품이다.

그러므로 신을 기와 분리할 수 없으며 기를 신과 분리할 수 없음이다.

오직 몸에 들어온 신이 기와 결합된 후에야 몸속의 성품인 조화신과 생명인 교화신을 볼 수 있다.

도의가 '크게 하나 된다(大圓一).' 함은 '삼신이 합일을 통해 태일을 이루는 것'을 말한다. 선도(仙道)수행의 목적은 일신이 우리 몸에 삼신으로 내려온 조화신(性) 교화신(命) 치화신(精)의 본성을 찾아 근원의 자리로 돌아가는 것으로 삼신이 자리한 곳이 바로 천(天)·지(地)·인(人) 삼주인 것이다.

'夫性'에서 '夫'는 조물주를 가리키는 것으로 '夫性'이란 神으로부터 물려받은 타고난 성품을 말한다. '타고난 성품이 신의 근원이자 뿌리'라는 것은 神의 정체성을 가리킨다.
성품은 타고나지만 성장하면서 주변 환경에 따라 변하게 되면서 신의 성품과 멀어지게 된다. 이는 맹자의 성선설의 근원이 되는 것이다.

그렇다면 어떻게 하면 참된 성품을 찾을 수 있는가?
바로 삼주로 삼망을 다스려 나가야 한다. 삼주는 氣로써 형성되는 것이기에 神과 氣를 분리할 수 없다고 본다.
일신이 삼신으로 분리된 것이 성·명·정으로 성(性)은 본체요 명(命)과 정(精)은 작용이다. 성은 하늘로부터 내려온 영이 깃든 것이고, 명은 타고나면서 주어진 목숨이며, 정은 성장하면서 형성되는 것이다.

'신(神)이 기(氣)와 결합된 후'에서 神은 성·명·정으로 들어온 삼신을 말한다. 삼신의 본성을 되찾기 위해서는 숨결을 통해 들어오는 氣로 몸과 마음을 닦아 나가야 한다. 따라서 삼주는 神과 氣의 완결체인 만큼, 神과 氣의 결합에 의해 그 본성인 조화신과 교화신이 깨어난다.

그런데 왜 삼신 중 치화신이 빠져 있는 것인가?
그것은 氣(숨결)로써 찾을 수 있는 것은 천주인 조화신과 지주인 교화신이기 때문이다. 천주와 지주는 오직 기운만으로 형성된다. 이는 숨결을 통해 무의식 속에서 형성되기 때문이다. 마지막 치화신인 인주와 태주는 수행자의 굳건한 의지(意志)를 통해 찾아지는 것이다.

첫 구절부터 일곱 번째 구절까지 묶어 온전히 풀이하면 다음과 같다.

一始無始一
析三極無盡本
天一一地一二人一三
一積十鉅無匱化三
天二三地二三人二三
大三合六生七八九
運三四成環五七

개벽은 無에서 비롯되니 태일이 시작됨이다.
(개벽이) 三極에서 나뉘어 진행되어도 근본적인 것에는 변함이 없다.
天의 개벽은 造化이고, 地의 개벽은 敎化이며, 人의 개벽은 治化이다.
개벽이 쌓여 合一을 이루면 존귀해지나 그릇이 모자라면 三妄에 빠진다.
天珠는 敎化와 治化로 만들어지고, 地珠도 敎化와 治化로 만들어지며, 人珠도 敎化와 治化로 만들어지니,

3맥(帶·任·督脈)이 타동 되어야 反極이 열리고 七八九단계로 들어가는 길이 생긴다.

대맥(帶脈)과 임·독(任督)을 운기 함으로서 천주와 지주가 형성된다.

지금까지 천부경의 일곱 구절에 맞춰 삼일심법의 7단계까지 살펴보았다.

7이란 수는 매우 중요한 의미를 갖는다. 산중 사찰에 가보면 가장 위쪽에 삼신각과 함께 칠성각이 있다. 칠성이 삼신과 함께 신성시된 것은 한민족 고유의 신앙인 칠성신앙에서 비롯되었다.

옛 선조들은 북극성과 함께 북두칠성을 신성시하여 이 별에 천제(天祭)를 지내며 소원을 빌었다. 하늘에 떠있는 수많은 별들은 모두 이 북극성을 중심으로 돌고 있다. 그래서 북극성은 하늘의 중심별로 조물주인 천제(天帝) 태을성군이 거주하는 곳이라 하여 태을성(太乙星)이라 불렀다.

또한 북극성의 또 다른 이름은 태일성(太一星)이다. 태일성이라 불리게 된 것은 인간이 영적승화를 통해 태일을 이뤄 들어가는 천계(天界)이기 때문이다. 이 북극성을 중심으로 7개의 별인 북두칠성이 돌고 있다. 인간이 선도수행을 통해 태일을 이뤄 천계에 들기 위해서는 선도의 10단계 수련과정을 거치며 합일을 이뤄야만 한다

북두칠성은 태을성으로 들어가기 위한 징검다리별이다. 그런데 7개의 별만 보이고 중간에 있을 법한 2개의 별이 보이지 않는다. 이것은 천부경의 전개 과정과 비슷하다.

천부경을 총 12구절로 본다면 8~11에 이르는 4개의 구절은 이전의 구절과 비교해보면 매우 이질적이다.

앞에서 전개된 1~7까지는 단계에 따라 숫자 속에 그 의미를 밝혀 놓은 데 반해 뒤의 4구절은 전개방식이 상당히 구체적이다. 오히려 이것이 생소하게 느껴지는 것이다.

앞 구절이 숫자로 함축되었지만 구체적인 반면 뒷부분은 자세히 풀어 놓은듯하면서 관전자적 입장에서 본 평과 같다. 그러면서 마지막 구절은 또 첫 구절과 대구(對句)를 이루면서 합일로 마무리되었다. 이것이 오히려 더 헷갈리게 만든다. 마치 7단계까지는 길을 밝혀 놓았으니 나머지는 알아서 찾아오라는 식이다.

필자도 여기서 길을 잃고 많이 헤매었다. 태일을 향해 7개의 징검다리를 건너왔지만 중간에서 다리가 끊겨버린 것이다. 그러던 중 이상한 점을 발견했다. '一積十鉅'처럼 완벽해야 될 천부경이 '왜 12구절로 되어 있을까?' 하는 것이었다. 따라서 8~11에 이르는 4개의 구절을 2개의 구절로 묶어서 보니 비로소 숨겨졌던 진의가 나타났다.

필자가 천부경을 10개의 구절로 나누어보니 각각의 구절이 복원된 삼일심법 10단계와 일치하면서 비로소 숨겨진 진의를 모두 풀어낼 수 있었다.

一妙衍萬往萬來 일묘연만왕만래
用變不動本 용변부동본

이 구절은 삼일심법 8단계에서 인주(人珠)가 형성되며 천주와 지주의 본체가 드러나는 과정에 대한 설명이다.

5단계에서 무극(無極)에 천주가 형성되고, 7단계에서 반극(反極)에 지주가 형성되고 나면 천주와 지주가 무극과 반극의 역할을 대신하게 되며 천주에선 天의 기운이, 지주에선 地의 기운이 일어나 태극에 모여 인주를 형성해 간다.

여덟 번째 구절은 바로 태극에 인주가 형성되는 과정이다.

一妙衍萬往萬來 用變不動本
개벽이란 오묘해 수많은 오고감 속에 완성되니,
형태는 변해도 근본적인 것에는 변함이 없다.

'연(衍)'은 넘치다. 순행하다의 뜻이고 '往'는 갈 왕, '來'는 올 래다. 따라서 '一妙衍萬往萬來'를 직역해 보면 '一은 묘해 오고감이 순조롭다.'는 뜻이 된다.

'형태가 변한다.' 함은 개벽으로 무극에 단전이 형성돼 천주가 되고,

반극에 지주가 형성되는 바 이 과정에 진화(進化)가 이뤄지면서 형태도 변한다는 뜻이다.

'근본적인 것에는 변함이 없다.'는 말은 진화로 인해 형태는 변했어도 무극과 반극에서 이뤄지던 빛의 창조 작용이 천주와 지주에서 행해진다는 것이다. 즉 氣의 소생처로 천주와 지주가 형성되고 나면 천주에선 '天의 기운'이, 지주에선 '地의 기운'이 생성되기 시작한다.

이렇게 생성되는 천지(天地)의 기운이 태극으로 모여 인주(人珠)를 형성해 간다.

천주와 지주에서 생성되는 '天地의 기운'이 태극으로 모이면 '태극의 조화작용'에 의해 '중도(中道)의 빛'이 되어 인주를 형성해 간다.

그러나 개벽은 하루아침에 이뤄지는 것이 아니다. '낙숫물이 바위를 뚫는다.'는 말처럼 숨결로 단전을 만들어 석문을 열고 3대 맥을 뚫었던 것처럼 인주도 마찬가지다. 중도의 빛이 경혈을 따라 수만 번의 오고감 속에 이뤄지는 것이다.

오고감이 만 번씩이나 반복된다면 없던 길도 만들어지고, 모난 돌도 둥글게 다듬어지게 마련이다. 개벽을 이루기 위해서는 그만큼 각고의 노력이 필요하다는 것이다.

인주가 형성되면서 심안(心眼)이 열린다. 심안이 열리면서 도(道)의 길로 들어서게 되는데 이 과정에서 수행자에게 허상이 보이며 시험에 들게 된다. 이는 하늘에서 오는 시험으로 극복하지 못하면 삼망(三妄)

에 빠져 심마(心魔)에 걸리고 만다.

　이를 극복해야만 도통(道通)을 이루게 된다. 석가나 예수 모두 도(道)를 이루는 과정에서 시험에 든 것은 이미 잘 알려진 사실이다.

　이 단계부터는 더 이상 숨결에만 의지해서는 태일(太一)로 나아갈 수 없다. 명상을 통한 정신적인 수행으로 마음을 닦아 나가야만 한다. 이는 지금까지 신체(身)의 수련에서 한 단계 더 나아가 마음[心]의 수련으로 들어가는 것으로, 지금까지 수행자의 자세에서 벗어나 구도자(求道者)의 마음가짐으로 임해야 한다.

本心本太陽 본심본태양
昂明人中天地一 앙명인중천지일

이 구절은 수행자가 어떻게 하면 본래의 심성(心性)을 찾아 영적으로 승화되는지를 말해주고 있다.

'본래의 심성(本心)'이란 성(性)으로 내려온 조화신(造化神)을 말하며, 조화신이 빛으로 형상화된 것이 천주다.

'본래 태양(本太陽)'이라 함은 '우주광명 조화신'을 말하는 것으로 조화신이 우리 몸에 내려와 작용하는 것이 심(心)이니 선도수행을 통해 본성(性)을 되찾아야 한다는 것이다.

本心本太陽
昂明人中天地一

본래의 심성이 본래 밝은 빛이니,
천주와 지주가 하나 되어 인(人)의 중심(太極)에 빛나 오른다.

8단계에서 '天地의 기운'으로 인주가 형성되고 나면 '天地人 합일'이 이뤄지며 인주가 태주로 진화한다.

이 구절은 그 과정을 설명하고 있다.

합일의 과정을 살펴보면 인주가 완성되고 나면 무극에 자리하고 있던 천주와 반극에 자리하던 지주가 태극으로 이동하여 인주와 합해지며 '天地人 합일'을 시도한다.

천부경에선 이 과정을 '天地가 하나 되어 人의 중심에 떠오른다.'고 한 것이다.

이는 구도자가 깨달음을 얻어 인간의 한계를 뛰어넘은 선인(仙人)의 경지에 들어섰음을 의미한다. 이는 인간이 정신수양을 통해 이룰 수 있는 최고 경지다.

이 과정을 『단군세기』에는 이렇게 전하고 있다.

허조동체 개전일여 지생쌍수 형혼구연
虛粗同體 個全一如 智生雙修 形魂俱衍

진교내립 신구자명 승세이존 회광반궁
眞敎乃立 信久自明 乘勢以尊 回光反躬

……

집일함삼 회삼귀일 대연천계 영세위법
執一含三 會三歸一 大演天戒 永世爲法

텅 빔과 꽉 참은 한 몸이요, 개개와 전체는 하나이니
지혜와 삶의 터전을 함께 닦아 몸과 영혼이 함께 뻗어 나간다.
참된 가르침이 세워져 믿음이 오래 지속되면 스스로 밝아지니
기세를 모아 오르면 존귀해지니 빛을 돌려 부족함이 없도록 하라
……

하나 속에 셋이 깃들어 있고 셋은 하나로 돌아가니,
하늘의 계율을 널리 펴서 영세토록 법으로 삼으라.

'一積十鉅'에서 모자라는 마지막 한 수!

수행자가 회삼귀일(會三歸一)을 통해 신인합일을 이루기 위한 마지막 하나의 수는 바로 수행자의 마음에서 찾아야만 한다. 이것을 스스로 찾지 못한다면 태일을 이뤘다고 해도 자칫 삼망(三妄)에 빠져 공든 탑이 무너져 내려 '도로아미타불'이 될 수도 있기 때문이다.

태일(太一)을 이뤄 무위자연(無爲自然)으로 들어가면 태주가 황금색을 띠고 그 속에서 수행자의 모습이 서서히 드러나며 두정을 열고 승천해 태을성(太乙星)에 들게 된다.

바로 신인합일(神人合一)이 이뤄진 것이다.

이 길은 어떠한 욕망과 감정으로부터 휘둘림 없이, 모든 선지자들이 그랬던 것처럼 무소의 뿔처럼 혼자서 가야 하는 외롭고 힘든 길인 것이다.

평범한 인간으로 태어나 임·독을 타동하고 심안을 얻는 것도 힘든데, 합일을 이뤄 神의 반열에 오른다는 것은 지난(至難)한 일일 것이다. 그러나 '태산도 한 설음부터 라는 말이 있듯 오르고 오르다 보면 못 오를 것도 없는 것이다.

끝으로 첫 구절부터 마지막 구절까지 묶어 온전히 풀이하면 다음과 같다.

一始無始一
析三極無盡本

天一一地一二人一三
一積十鉅無匱化三
天二三地二三人二三
大三合六生七八九
運三四成環五七
一妙衍萬往萬來　用變不動本
本心本太陽　昂明人中天地一
一終無終一

　개벽은 無에서 비롯되니 태일이 시작됨이다.
　(개벽이) 三極에서 나뉘어 진행되어도 근본적인 것에는 변함이 없다.
　天의 개벽은 造化이고, 地의 개벽은 教化이며, 人의 개벽은 治化이다.
　개벽이 쌓여 合一을 이루면 존귀해지나 그릇이 모자라면 三妄에 빠진다.
　天珠는 教化와 治化로 만들어지고 地珠도 教化와 治化로 만들어지며 人珠도 教化와 治化로 만들어지니,
　3맥(帶·任·督脈)이 타동 되어야 反極이 열리고 七八九단계로 들어가는 길이 생기며,
　대맥(帶脈)과 임·독(任督)을 운기 함으로서 천주와 지주가 형성된다.
　개벽은 오묘해 수많은 오고 감 속에 완성되니, 형태는 변해도 근본적인 것에는 변함이 없다.
　본래의 심성이 본래 밝은 빛이니, 천지가 하나되어 인이 중심에 밝게 떠오른다.
　태일(太一)은 無로 돌아감으로서 이뤄지니 개벽은 비로소 끝을 맺는다.

제3장 天符經에 따른 선도수행

천부경은 선인의 道

천부경 풀이에 이어 이번 장은 선도수행(仙道修行)의 관점에서 천부경을 살펴보고자 한다.

선도(仙道)란 삼성조 시대 우리 선조들이 심신수련(心身修鍊)을 위해 행하던 수행으로 삼일심법은 선도의 수련과정을 체계적으로 정리해 놓은 것이다.

선도 수행이 역사에 처음 등장하는 것은 단군조선 시대로 국자랑 제도에서 찾아볼 수 있다. 국자랑은 신선도로 심신을 단련하던 미혼의 자제들로 이들은 머리에 천지화(무궁화)를 꽂았기 때문에 천지화랑이라고 하였다. 이 국자랑 제도는 고구려의 조의선인, 백제의 무절, 신라의 화랑으로 이어졌다.

국자랑이나 조의선인, 무절, 화랑의 특징은 이들이 모두 미혼의 젊은이들로 평상시 정신수양을 통해 마음(心)을 단련하고, 무예를 통해 신체(身)를 단련하였다는 것이다. 이들이 단련하였던 정신수양이 바로 선도(仙道)인 것이다.

선도 수행에서 가장 핵심이 되는 것은 호흡이다. 모든 생명체는 숨을 쉬며 산다. 그러므로 숨을 쉰다는 것은 살아 있다는 말이기도 하다. 사람도 살기 위해서는 반드시 숨을 쉬어야 한다.

실례로 사람이 음식을 굶으면 50일 이상을 견딜 수 있고, 물을 마시지 않으면 1주일 정도는 견딜 수 있다고 한다. 하지만 호흡을 하지 않으면 단 몇 분도 생명을 유지할 수 없다.

삶과 죽음이란 한 호흡 차이인 것이다.

호흡이란 천지간의 기운을 받아들임을 말하며 기운을 받아들임으로써 생명활동을 유지하는 것이다. 천지 간에는 기(氣)로 가득 차 있는데 이 기(氣) 속에는 탁기(濁氣)가 있고 정기(精氣)가 있다. 바른 호흡이란 깨끗한 자연의 정기를 숨결을 통해 우리 몸속에 있는 무극으로 이끄는 것으로 이를 조식(調息) 호흡이라 한다.

조식이란 고르게 숨 쉬는 것을 말한다. 사람의 감정은 호흡과 밀접하게 연관되어 있다. 감정은 오욕칠정(五慾七情)에 따라 일어나며 이 감정들의 변화를 일으키는 것이 호흡이다. 사람들은 화가 나면 호흡이 거칠어지며 혈압이 상승하고, 슬픈 일을 당하면 호흡이 불규칙해지며 몸이 경직되는 현상 등은 모두 호흡에서 비롯된다.

이렇게 감정에 기복이 생기면 호흡을 잠시 멈추면서 지식(止息)을 하면 곧 마음의 평정을 되찾을 수 있다. 이와 같은 오욕칠정의 감정을 지감(止感) 금촉(禁觸)으로 다스리는 것이 바로 조식(調息)이다.

조식을 하면 하늘의 정기가 숨결을 따라 무극에 이르러 조화의 작용을 통해 도광의 빛이 생겨난다. 선도수련이란 바로 이 빛으로 몸과 마음을 닦아나가는 것이다.

호흡에는 흉식호흡과 복식호흡 두 가지가 있다. 흉식호흡이란 일반적으로 생명유지에 필요한 폐의 호흡을 말하며 무의식적으로 일으키는 생명 유지수단이다. 반면 복식호흡은 의식을 가지고 기운을 아랫배 깊숙이 내려 보내는 호흡으로 이를 조식호흡이라 한다.

조식호흡은 의식을 아랫배 무극에 두고 숨을 들이마시면 자연의 기운이 숨결을 따라 횡경막을 지나 무극에 이르러 조화를 일으키는 것이다. 따라서 조식호흡은 철저히 의념(意念)의 상태에서 일어나는 호흡인 것이다.

숨은 아기처럼 쉬어야 한다.

아기들이 숨을 쉬는 것을 보면 아랫배가 볼록볼록 튀어나온다. 이는 태아 때의 호흡세포가 아직 살아있어 자연의 기운이 온전히 아랫배까지 전달되기 때문이다. 그런데 자라면서 호흡세포의 기능이 점차 사라지고 호흡의 폭이 좁아들며 흉식호흡으로 변하고 만다.

따라서 숨결은 어릴 때부터 제대로 가르쳐 놓아야 자연의 기운을 온전히 받아 건강한 육신을 만들어 나갈 수 있다.

天符經의 현상은 氣다

氣는 하늘(天)과 땅(地) 그리고 공간(人世)에 흐르는 자연의 기운이다. 선도수행(仙道修行)이란 이 자연의 기운을 숨결을 따라 무극으로 보내는 것이다. 그렇게 모이는 기운은 무극(無極)의 조화작용에 의해 '도광(道光)의 빛'으로 탄생한다.

이 '도광의 빛'이 천부경에서 말하는 기운(氣運)으로 '빛'이나 '기(氣)'는 모두 같은 의미로 쓰이고 있음을 명심하자.

현대과학으론 도저히 풀리지 않는 것이 바로 이 氣다. 氣는 4차원적으로 일어나는 현상이기에 일반적인 상식으로는 氣를 이해할 수 없기 때문이다. 대기 중에 흐르는 공기는 공간에 대한 저항을 받는다. 그러나 도광에 의한 기(氣)는 파장처럼 공간에 대한 저항을 받지 않고 흐르기에 숨을 쉴 때 아랫배까지 전달되는 것이다. 이것이 숨결이다.

사람이 숨을 쉰다는 것은 코로 흡입된 공기가 호흡기관을 통해 폐로 전달되는 것이다. 그러나 숨결로 흡입되는 자연의 기운은 호흡세포를 통해 아랫배까지 전달된다. 그리고 단전이 형성되면 단전의 힘에 의해 기경8맥을 타고 온몸으로 운기되는 것이다. 기경8맥이란 우리 몸에 기(氣)가 흐르는 8개의 통로다.

기운이 아랫배까지 들어와 처음 접하는 곳이 무극이다. 처음 접한 무극은 태초의 우주처럼 허허공공(虛虛空空)의 상태다. 그러나 무극이 자연적으로 주어지는 것은 아니다. 우리가 그 존재를 인식하고 그 의지를 드러냈을 때 비로소 그 존재가 모습을 드러낸다. 바로 무극은 의념(意念)을 통해 깨어나는 것이다.

무극(無極)은 天이다

우주엔 무수히 많은 별들이 있지만 우리 몸속의 우주는 단일 우주다. 그래서 사람들은 개개인마다 각기 자신만의 독특한 하늘(天)을 품고 있는데 바로 무극이다.

개벽(開闢)은 무극에서 빛이 일어나 생겨나는 현상으로 이 빛에 의해 만들어지는 것이 흔히 말하는 단전이다. 단전(丹田)을 풀어 보면 '붉을 단, 밭 전'으로, '붉은 밭'이란 바로 태양을 가리킨다.

단전이 만들어지면 氣의 활동이 일어난다. 무극에서 만들어지는 '양의 빛'이 단전의 힘에 의해 우리 몸속으로 뻗어 나가는 것이다.

氣나 빛은 모두 같은 의미지만 천부경에서는 빛을 좀 더 세분해서 설명하고 있다.

우리 몸에서 탄생되는 빛에는 세 가지가 있다. 무극에서 생성되는 '양(陽)의 빛'과 반극에서 생성되는 '음(陰)의 빛' 그리고 태극(太極)의 조화작용으로 생겨나는 '중도(中道)의 빛'이다. 천부경을 가리켜 '천지광명의 중도심법'이라 함은 이를 두고 하는 말이다.

일신이 삼신으로 내려온 성(性)·명(命)·정(精)을 다른 말로 얘기하자면 영(靈)·혼(魂)·백(魄)이라 한다. 영(靈)은 하늘에서 내려온 것이고, 혼(魂)은 땅으로부터 주어지는 것이며, 백(魄)은 살아가는 동안 만들어지는 것이다. 따라서 우리 몸에 내재된 혼백은 주어진 조건과 환경에 따라 변하게 마련이다.

하늘에서 내려온 영이 머무는 곳이 무극이다. 사람이 윤회를 한다 함은 이 영이 끊임없이 다음 생으로 이어져 고해(苦海)를 거듭하는 것으로, 이 윤회를 끊는 것은 영·혼·백으로 작용하는 성·명·정을 합일시킬 때 영적인 승화를 통해 이뤄진다.

삼일심법(三一心法)은 신교의 선도(仙道) 수행법

천부경이 난해한 경으로 지난 2천여 년 동안 신비에 쌓였던 것은 구전으로 전승되던 선도의 수련법인 심법의 맥이 끊겼기 때문이다. 천부경에 따른 선도수행은 모두 10단계로 이뤄져있다. 이 구분은 一二三, 四五六, 七八九 세 묶음씩 3단계로 이뤄지며 삼신사상에 따라 철저히 3수의 원리로 구성되어 있다.

선도수행의 최종 목표는 태일(太一)을 이뤄 신인합일(神人合一)을 이루는 것이다. 태일을 이루기 위해서는 氣에 대한 정확한 의미를 알고 수련에 들어가야 한다. 氣는 우리 몸에서 4차원적으로 일어나는 현상이기에 장기에 대한 저항이 없다. 즉 우리 몸에 흐르는 12경락이나 팔맥의 통로에 신체적인 장애물이 없다는 것이다.

필자는 여러 호흡법과 선조들의 기록을 연구한 끝에 천부경 속에 담긴 진의를 풀고, 환국시대부터 전해져온 선도수행법인 삼일심법(三一心法)을 재현할 수 있었다.

복원된 삼일심법은 선도의 수련법을 천부경의 내용에 따라 단계별로 정리해 놓은 것으로 수행의 과정보다는 현상을 설명하고 풀이하는 데 초점을 맞췄다.

삼일심법(三一心法)		
단 계	작 용	현 상
一 개벽	조화(造化)	무극(無極)에서 빛이 생성된다.
二 진화	교화(敎化)	빛의 진화로 단전(丹田)이 형성된다.
三 순환	치화(治化)	양기(陽氣)로 대맥(帶脈)을 운기 시킨다.
四 유통	삼도(三途)	임·독(任督) 유통으로 삼관을 뚫는다.
五 天珠	陽의 조화	단전이 천주(天珠)로 진화된다.
六 타동	삼망(三妄)	임·독(任督) 타동으로 반극(反極)이 열린다.
七 地珠	陰陽의 조화	음양(陰陽)의 기운이 地珠를 형성한다.
八 人珠	天地의 조화	중도(中道)의 기운이 人珠를 형성한다.
九 太珠	太極의 조화	天地人의 기운으로 人珠가 太珠로 진화된다.
十 합일	승화(昇化)	삼주(三珠)의 합일(合一)로 太一을 이룬다.

1. 개벽(開闢)

첫 개벽은 의념(意念)으로 무극을 일깨우는 것

　의념은 '목적을 가진 사고'다. 마음속으로 우주를 상상하며 의식을 일깨울 때 우주가 내 몸 안에 들어선다. 김춘수 님의 시 〈꽃〉에 '내가 그의 이름을 불러주었을 때 그는 나에게로 와서 꽃이 되었다.' 이 얼마나 가슴 설레는 말인가? 내가 부르기 전에 그는 수많은 꽃 중에 하나일 뿐이다. 그러나 내가 불러줌으로써 나의 꽃이 된 것이다.

　내 몸 속에 우주가 들어있다 한들 의식하지 못한다면 무슨 의미가 있겠는가? 내가 의식하여 그 존재를 확신할 때 비로소 내 안에 우주가 모습을 드러내는 것이다. 이는 지금까지 피조물에 불과하던 나에서 벗어나 내가 우주의 중심이란 의지를 드러내는 것이다.

　천부경은 이 현상을 단 석자로 표현하고 있다.

　'一始無'

　이 無는 원시의 우주로 조화신이 머무는 곳이다. 수행자가 의지로 숨결을 불어넣었을 때 조화신인 무극(無極)은 깨어난다. 극(極)이란 극성의 끝 지점으로 지구로 말하면 북극(N)과 남극(S)을 가리킨다.

　지구는 태양에서 발생하는 빛에 의해 생명활동이 유지되지만 이 빛속에는 인체에 유해한 대량의 방사선이 포함되어 있다. 이 방사선은 북극과 남극에서 생성되는 자기장에 의해 보호를 받고 있는 것이다.

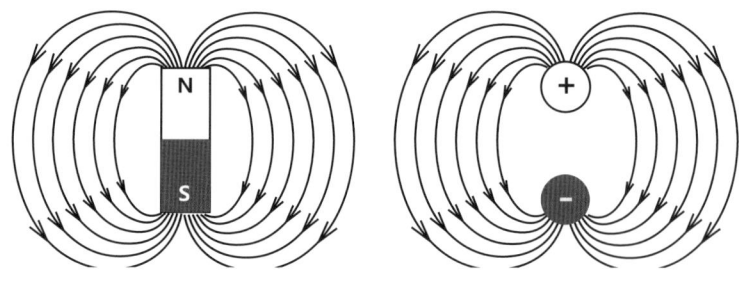

〈자극과 전극의 자기장 흐름〉

우리 몸에도 이와 같은 극점이 존재하는데 바로 무극(無極) 반극(反極) 태극(太極)이다. 이 삼극은 천지인(天地人)의 형태로 나타나는데 무극을 天, 반극을 地, 태극을 人이라 한다.

태초의 우주가 아무 것도 존재하지 않는 無에서 시작되었듯 우리 몸에 있는 소우주도 無에서 시작되기에 무극(無極)이라 한다. 반면 반극은 무극의 반대되는 성질을 띠었기에 반극(反極)이라 하며, 태극은 천지인(天地人)이 조화를 이루기에 태극(太極)이라 한다.

신은 멀리 있지 않다. 우주를 창조한 창조주인 조화신이 내 안에 존재하고 있는 것이다. 이제 그 조화신을 만나보자.

가부좌를 하고 마음속으로 내 안의 우주를 상상하며 숨을 천천히 고르게 들이마시고 내쉬기를 반복한다. 조화신이 들어서는 곳은 배꼽 안쪽 무극(無極)이니 들이마신 숨을 아랫배 깊숙한 곳까지 내려보내야 한다. 처음 시도할 때는 답답하고 쉽지 않을 것이다. 그러나 계속 반복하다 보면 아랫배에 청량한 감이 들 것이다. 이것은 자연의 기운이 들숨을 따라 아랫배까지 전달되기 때문이다.

자연의 기운이 숨결을 따라 무극에 도달하면 무극에서 조화작용이 일어나기 시작한다. 이 조화작용은 날숨에 영향을 받는다. 날숨은 내쉬는 숨을 말한다. 무극에 도달한 들숨이 날숨으로 변하면서 무극의 조화가 일어나며 빛이 만들어진다.

무극은 天의 자리다. 그렇기에 생성되는 빛은 뜨거운 '양(陽)'의 성질을 띤다. 바로 '양화(陽火)의 기운'이다. 호흡을 시작하면서 2주정도 지나면 '양의 기운'에 점차 아랫배가 뜨거워진다. 이는 발화현상으로 무극이 깨어나 본격적으로 활동을 시작했다는 의미다.

물론 근기와 노력에 따라 정도의 차이는 있다. 필자는 무극을 중심으로 갈비뼈 끝에 불로 지지는 것 같은 통증이 일어나 당황했던 기억이 있다. 이는 명현현상의 일종으로 '양의 기운'이 주변의 탁한 기운을 정화시키는 과정에 일어나는 것이다. 명현현상은 몸이 좋지 않거나 아픈 곳을 치유하는 과정에 생기는 통증이니 염려하지 않아도 된다.

이렇게 무극이 깨어나 '양의 기운'이 생성되기 시작하면 다음 단계로 넘어가게 된다.

2. 진화(進化)

진화는 무극에 단전(丹田)을 형성해가는 과정

개벽(開闢)에서 무극의 원리를 설명했다면 이번엔 무극(無極)의 역할을 살펴보자.

천부경 두 번째 구절에 '析三極'이라는 글이 있다. 앞전에 설명했듯 삼극(三極)이란 천지인(天地人)의 자리에 들어설 무극(無極) 반극(反極) 태극(太極)으로 그 첫 번째인 '天의 무극'이 깨어나면서 무극의 조화작용에 의해 빛이 탄생한다.

무극이 天의 자리인 이유는 바로 무극에서 조화의 작용으로 '빛'이 탄생하기 때문이다. 이 '빛'은 天의 자리에서 생성되기에 양(陽)의 성질을 띠게 된다. 그리고 이 '빛'이 무극의 교화 작용에 의해 단전으로 진화해간다. 즉 숨결을 통해 들어온 자연의 기운이 무극에 이르러 '양(陽)의 빛'으로 탄생되고, 이 빛에 의해 단전이 생겨나는 것이다.

우주의 무수히 많은 별들이 빅뱅에 의해 탄생된 빛에 의해 태어나듯 단전이란 핵도 무극에서 생성되는 빛에 의해 만들어진다.

단전(丹田)은 '붉은 밭'이란 의미로 태양을 가리킨다. 무극에서 단전이란 '태양'이 형성되기에 무극을 '天의 자리'라 하는 것이다.

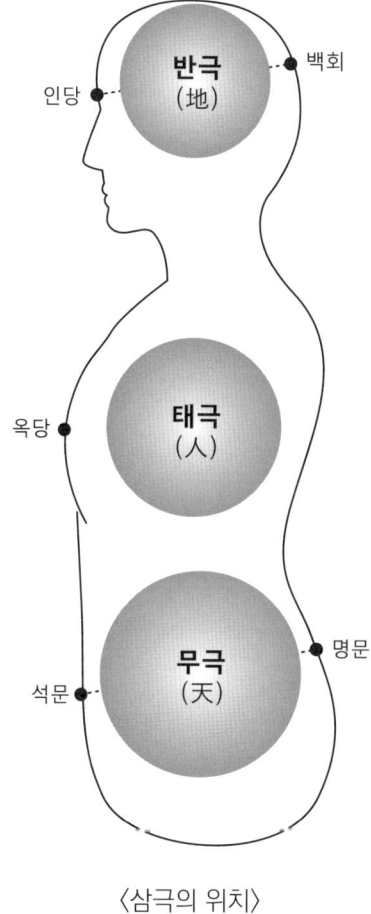

〈삼극의 위치〉

무극이 '天의 자리'인 또 다른 이유는 무극에서 생명이 잉태되기 때문이다. 여성이 임신을 하게 되면 무극에 자궁이 들어선다. 자궁 안에 들어선 배아는 8주후 태아로 성장하는데 이 과정을 풀어보면 자궁에 들어선 배아는 무극의 조화작용에 의해 잉태된다.

하지만 이 배아는 남자인지 여자인지 성별의 구분이 안 될 뿐만 아니라 심지어 인간인지 올챙이인지조차 알 수가 없다. 생명은 있으되 종족의 특징이 없는 것이다. 8주 후 배아는 무극의 교화 작용에 의해 배아에서 태아로 진화하며 비로소 종족의 특성을 갖게 된다.

이를 근거로 법률적으로도 8주 전의 배아는 낙태를 해도 죄가 성립이 안 되지만, 8주 후 태아의 낙태는 살인죄가 적용되는 것이다.

모계중심사회였던 고대는 생명을 잉태하는 여성을 매우 특별하고 고결한 존재로 여겼다. 그런데 특정 종교에서 여성에게 있지도 않은 원죄라는 멍에를 씌워버린 것이다.

생명의 창조는 조물주 고유의 권한이다.

사람의 몸속에 들어선 조물주인 조화신이 자리하는 곳이 바로 무극이기에 무극이 '天의 자리'인 것이다.

무극이 '天의 자리'기에 그 빛은 '양(陽)의 성질'을 띠게 된다. 그리고 이 빛이 무극의 '교화(敎化)작용'에 의해 단전으로 진화해간다.

단전은 氣가 진화되어 생겨나는 것으로 처음 생성될 때 마그마의 덩어리나 묽은 젤리와도 같다.

단전은 무극에서 생성되는 빛의 양에 따라 빨리 형성될 수도 있고 느리게 생성될 수도 있으니 모든 것은 근기와 노력 여하에 따라 다른 것이다.

3. 순환(巡還)

순환은 석문을 열고 대맥(帶脈)을 운기 시키는 과정

무극에 단전이 형성되면 '치화(治化)작용'이 일어나며 무극에서 생성되는 빛이 단전의 힘에 의해 석문을 뚫은 다음 대맥을 타고 흐르게 된다. 천부경 세 번째 구절의 '天一一地一二人一三'을 풀면서 天의 개벽은 조화이고 地의 개벽은 교화이며 人의 개벽을 치화라 하였다. 조화는 창조 작용이고 교화는 진화 과정이며 치화는 순환 과정이다.

一	天	조화	창조	빛의 탄생
二	地	교화	진화	빛이 단전으로 진화
三	人	치화	순환	빛이 단전의 힘에 의해 순환

단전호흡을 하는 사람들의 가장 큰 착각이 단전을 삼단전으로 나누고 무극의 단전을 하단전이라 하며 地의 자리로 보는 것이다. 분명히 말하지만 단전은 하나로 이 무극에 형성되는 단전이 유일하다.

단전호흡을 하는 사람들의 또 다른 착각은 숨결로 석문을 열고 그

안에 단전을 형성한다고 생각하는 것이다.

　석문(石門)은 말 그대로 돌로 된 문이다. 진짜 돌로 된 것은 아니지만 그만큼 단단하다는 것이다.

　숨결이 아무리 거센들 어찌 돌처럼 단단한 문을 열 것인가? 그렇게 백날 천날 두드려 봐야 석문은 열리지 않는다. 이것은 무극이란 존재를 깨닫지 못한 데서 오는 착각이다.

　석문은 무극에 형성된 단전의 힘으로 뚫리는 것이다. 다시 말해 석문이나 막힌 혈(穴)자리는 오직 무극에서 생성되는 '도광(道光)의 빛'에 의해 뚫리는 것이다. 그 과정에 단전은 펌핑 역할을 하는 것이다.

　단전이 형성되면 아랫배에 묵직한 중량감이 느껴진다. 또한 정신을 집중해서 보면 무극에서 생성된 기운이 단전과 석문 사이를 오르락내리락하는 것을 느낄 수 있다. 이는 석문을 뚫기 위한 동작이니 오로지 호흡에만 집중해야 한다.

　그렇다면 단전이 어느 정도로 성장해야 치화작용이 일어날까?

　모든 과정이 100% 채워져야만 다음 단계로 넘어가는 것은 아니다. 보통 70% 내외에서 다음 단계로 넘어간다. 그리고 다음 단계를 수련하다 보면 전 단계가 자연스럽게 완성되어 가는 유기적인 시스템이다. 선도수행 시 단전이 형성되는 시기는 보통 6~8개월 정도 걸린다.

　사람의 몸에는 12개의 경락(經絡)과 8개의 맥(脈)이 자리하고 있다. 단전이 뿌리라면 팔맥은 줄기요 12경락은 가지인 것이다. 팔맥 중에서도 중추를 이루는 것이 3大맥인 대맥과 임·독 양맥이다.

첫 번째 맥인 대맥(帶脈)은 무극을 중심으로 허리를 한 바퀴 도는 띠처럼 둥글게 가로로 형성되어 있다. 무극에서 생성되는 양화의 빛이 단전의 힘에 의해 대맥을 타고 순환되는 것이다.

운기는 철저히 무의식 상태에서 일어난다. 단전이 형성되고 나면 빛은 자연스럽게 석문을 뚫고 대맥을 타고 흐르게 된다. 수행자는 가부좌를 한 채 오직 축기(蓄氣)만 해주면 된다. 축기란 숨결을 통해 펌프질하듯 계속 기운을 흘려보내는 것을 말한다.

대맥을 따라 氣가 흐르다 보면 막히는 곳이 나오게 되는데 이것을 혈(穴)이라 부른다. 대맥에는 4개의 혈이 존재하는데 석문을 중심으로 왼쪽부터 대맥혈 명문혈 대거혈이다.

막힌 혈은 축기로 뚫어야 한다. 숨결로 계속 축기를 하다 보면 무극에서 생성되는 도광의 빛이 단전의 힘에 의해 혈까지 흘러가 막힌 혈을 힘차게 뚫어낸다. 이 혈을 뚫을 때는 압력과 함께 열기가 느껴지며 진동이 따른다. 때론 아리거나 바늘로 쑤시는 듯 따끔거리기 때문에 어떤 사람들은 호흡을 하면 몸이 아프다고 겁을 낸다.

수행은 고통을 수반한다. 그렇다고 그 고통이 위험한 것은 아니니 염려할 것은 없다. 막힌 혈에 빛이 쌓이면서 통증을 유발하는 것이니 이럴 때 숨을 참으면서 단전에 힘을 가해준다.

이것을 지식(止息)이라 한다. 지식을 하면 어떤 혈이라도 능히 뚫을 수 있다. 정 못 견디겠으면 가볍게 아픈 혈을 문질러 주거나 좀 쉬었다가 다시 시작하면 된다.

대맥이 순환되고 나면 기운은 왼쪽 옆구리와 오른쪽 옆구리를 타고 오른다. 왼쪽과 오른쪽 옆구리에 각기 4개의 혈 자리가 존재한다. 대맥순환은 무극을 중심으로 가로로 한 바퀴 또 세로로 한 바퀴 돌며 장기를 보호해 준다.

이 과정은 철저히 무의식 상태에서 일어나는 현상이므로 수련자는 경로만 인식하고 오직 축기를 통해 기운이 끊어지지 않도록 주의해야 한다.

모든 과정에는 준비과정이 있다. 선도 수련 시에도 최소 30분 이상은 해야 효과가 나타나기 시작한다.

이것은 전에 수행하던 기운이 시간이 지남에 따라 흩어지기 때문에 다시 빛을 모아 채워줘야 하기 때문이다.

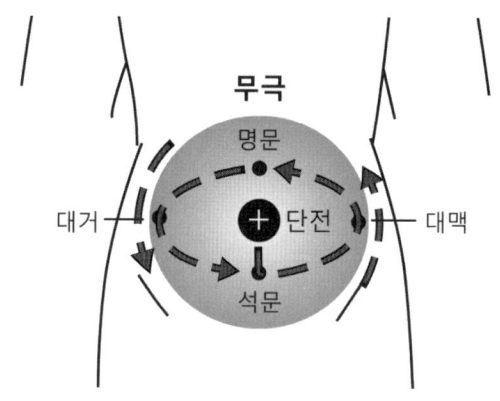

〈대맥순환〉

4. 유통(流通)

유통은 임·독(任督) 양맥을 서로 통하게 하는 것

지구에 북극과 남극이란 극지점이 있어 자기장이 형성되듯 사람의 몸에도 무극 반극이라는 氣의 소생처가 있어 여기서 생성되는 기운이 기혈을 따라 유통되고 있다.

전극이 전도체를 따라 양(+)에서 음(-)으로 흐르듯 우리 몸의 기운도 기혈을 따라 양기(陽氣)에서 음기(陰氣)로 흘러가는데 이 통로가 바로 독맥(督脈)과 임맥(任脈)이다.

그러나 무극에서 생성된 '양(陽)의 빛(氣)'은 음(陰)의 소생처인 반극이 아직 열리지 않았기에 다시 임맥을 타고 돌아온다. 4단계는 이 氣의 통로인 독맥과 임맥을 서로 소통시키는 것이다.

대맥이 닦이고 나면 '빛'은 석문에서 회음부로 내려가 등 뒤편 독맥(督脈)을 타고 오른다 4단계는 무극에서 생성되는 '빛'으로 임·독(任督) 양맥에 있는 삼문(三門)을 모두 뚫어야 하는 정말 중요한 과정이다. 삼문은 대맥과 독맥, 임맥에 각기 하나씩 존재하는데 오직 호흡(息)으로만 뚫을 수 있다.

첫 관문인 석문(石門)은 대맥 일주를 통해 뚫어냈다.

두 번째 관문인 대추(大椎)는 독맥의 중추와 경추 그리고 양어깨로 이어지는 쇄골이 만나는 곳에 위치하고 있다.

세 번째 관문은 염천(廉泉)이다. 임맥에 위치한 염천은 머리에서 목으로 이어지는 입구에 자리하고 있다.

삼문(三門)이 뚫리고 나면 빛으로 임·독(任督) 양맥을 완전 유통시켜야만 한다. 대나무의 마디처럼 막혀 있던 혈들은 처음 뚫렸을 때 협소하고 거칠어 병목현상을 일으키며 통증을 유발한다.

천부경 여덟 번째 구절에 나오는 '一妙衍萬往萬來'란 말처럼 '개벽은 빛이 수없는 오고감 속에 이뤄지는 것'이니 인내심을 갖고 꾸준히 수행을 쌓아가야 한다.

혈은 독맥에 28개, 임맥에 24개가 있어 온 몸을 앞뒤로 크게 상하 타원을 그리며 분포되어 있다. 그러나 이 모두를 알 필요는 없다. 독맥과 임맥을 잇는 주요 경로에 있는 혈 자리 몇 개와 그 위치를 인지하고 있으면 된다.

임·독 유통은 대맥 순환과는 차원이 다르다.

대맥 순환은 단전을 중심으로 순환되기에 작은 기운만으로도 가능했지만, 임·독 유통은 몸통을 앞뒤 상하로 길게 뻗어 있기에 강력한 힘이 뒷받침되어야만 한다.

따라서 빛이 대맥을 순환하는 과정에 단전도 부피가 커지며 힘을 늘려 가는데, 이는 좀 더 강한 추진력을 얻기 위함이다. 즉 임·독(任

督) 양맥을 유통시키기 위해서는 대맥 때보다 뛰어난 고성능 엔진이 필요하기에 단전도 진화에 진화를 거듭하는 것이다.

흔히 대맥을 얼마나 운기하면 다음 단계로 넘어가는지 궁금해 할 수 있는데 필자의 경험에 비춰보면 무의미한 일이다. 어떤 이들은 수련을 시작하자마자 얼마 안 돼 대맥을 마치고 임·독 유통으로 들어가는데 이것은 전생에 수행하던 수련의 결과에 따른 것이다.

우리 한민족은 선도(仙道)를 수련하던 선민족(仙民族)이기에 알게 모르게 전생에 쌓아온 공덕의 영향을 받는다.

따라서 수행자 개개인에 따라 몸의 상태가 다르기 때문에 시간에 집착하다 보면 수련에 방해만 된다. 순환이나 유통은 철저히 무의식 속에 이뤄지는 것이라 단전이 임·독을 뚫을 만한 추진력이 갖춰졌을 때 비로소 유통이 시작되는 것이다.

임·독 유통이 시작되면 기운은 석문 아래로 내려가 회음혈과 만나게 된다. 회음혈은 성기와 항문 사이에 있는 혈 자리로 기운이 자칫 성기 쪽으로 흐르기 쉬워 뚫기가 어렵다.

그러나 그보다 더 뚫기 어려운 곳이 항문 뒤쪽에 있는 미려다. 기운이 회음을 거쳐 미려까지 가는 도중 반 이상이 새어 버리므로 뚫는 힘이 약해질 수밖에 없는 것이다. 따라서 두 구멍 사이로 氣가 유출되지 않도록 조여 주어야 한다.

명심할 것은 막힌 혈이 감지되더라도 오직 축기를 통해 끊임없이 기운을 보내 주어야만 한다. 그렇게 혈에 기운이 쌓이면 진통과 함께

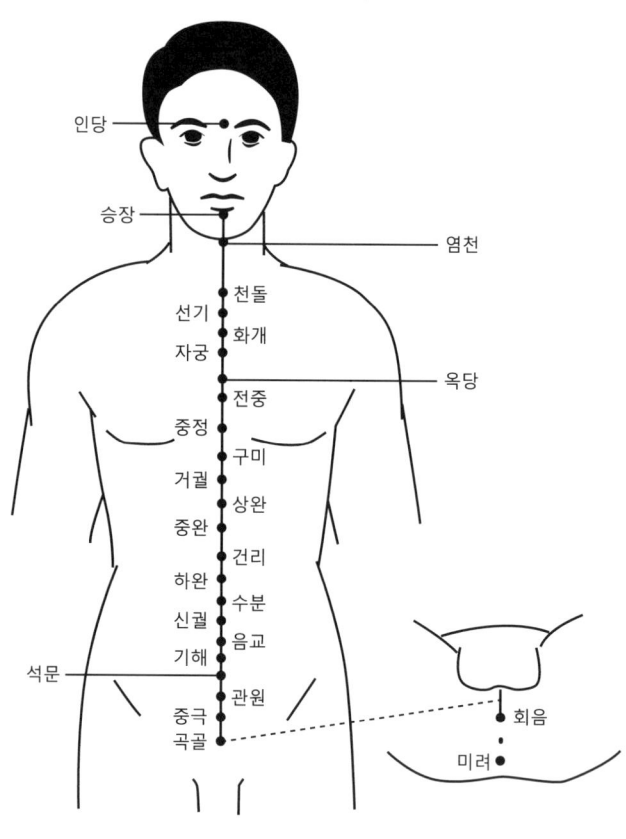

〈임맥〉

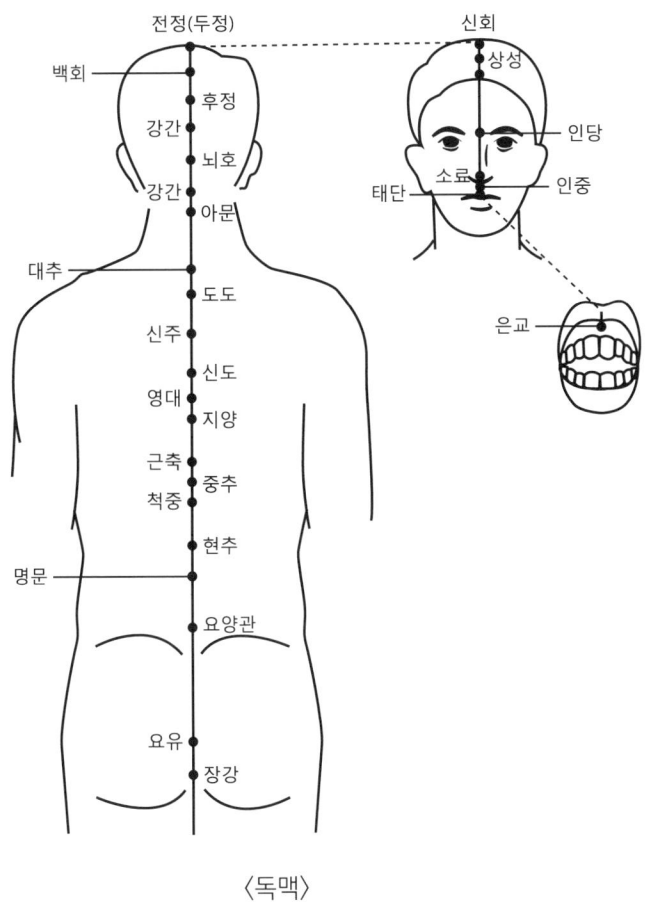

〈독맥〉

내진이 온다. 이럴 땐 숨을 멈추고 단전에 힘을 주기를 반복하며 혈을 뚫어내야 한다. 다시 말해 지식(止息)과 축기를 사용하면 어떠한 혈이라도 능히 뚫어낼 수 있다.

회음과 미려를 뚫고 나면 기운은 독맥을 타고 올라 명문혈에 이른다. 명문혈은 대맥과 독맥의 교차점에 위치하고 있다. 기운이 명문혈에 오르면서 잠시 교착상태에 빠지는데 이것은 기운이 독맥으로 흐르는 길이 막히면서 잠시 대맥을 타고 흐르기 때문이다. 이것은 단전이 추진력을 얻기 위한 과정이니 신경 쓰지 말고 오직 축기와 지식을 하다 보면 자연스럽게 기운은 명문혈을 뚫고 독맥을 타고 오른다.

명문혈을 뚫고 나면 두 번째 관문인 대추혈과 만나게 된다. 대추혈은 삼문(三門) 중 가장 뚫기 어려운 곳이다. 대추(大椎)는 거대한 쇠망치를 뜻한다. 뚫기가 어찌나 힘든지 마치 '쇠망치로 쳐올리는 것과 같다!'하여 붙여진 이름이다.

지식으로 기운을 밀어 올릴 때 압력으로 기운이 양어깨를 타고 흐르는데 그럴수록 의념(意念)으로 경로만 인식하고 축기를 멈추지 말아야 한다. 지식과 축기로 압력이 가해지면서 상하좌우로 강한 진동을 느끼게 되는데 이 진동이 끝나는 순간 대추혈이 열린다.

대추혈이 열리고 나면 기운은 경추를 타고 백회로 오른다. 기운이 백회에 이르러 압력을 받게 되면 이전 막힌 혈들과 달리 차가운 한기를 느끼게 되는데 이것은 반극(反極)의 영향을 받기 때문이다.

반극은 교화신이 머무는 地의 자리로 '음(陰)의 기운'이 자생되는 곳이다. 그렇다고 반극이 열린 것은 아니다. 반극의 陰한 기운에 열기가 식혀졌을 뿐이다.

이렇게 식혀진 기운은 앞이마로 흘러 인당으로 내려온다. 기운이 인당에 이르면 인당 안쪽으로 둥근 기운과 함께 압력이 느껴지는데 바로 반극에 의한 압박감이다. 인당을 상단전이라 착각하는 것은 바로 이 현상 때문이다.

인당을 지난 기운은 다시 코를 거쳐 인중으로 내려와 아래턱 염천에 이르러 임맥과 만나게 된다.

염천은 세 번째 관문으로 극히 민감한 부분이다. 이곳 역시 좀처럼 뚫기 어렵지만 지식과 축기로 뚫어낸다.

세 관문을 모두 뚫고 나면 기운은 옥당을 거쳐 다시 석문으로 내려오며 일주를 마친다.

5. 천주(天珠)

천주는 단전이 진화된 형태

임·독맥에 막혀 있던 혈들을 모두 뚫고 유통을 완성시키는 과정에 단전도 고성능 추진력을 얻게 되는데 바로 단전이 천주로 진화되어 가는 과정이다.

천부경 다섯 번째 구절에 '天二三地二三人二三'이라 하였다. 이는 삼주(三珠)가 교화와 치화의 과정 속에 만들어진다는 것으로 기운이 단전의 힘에 의해 임·독 양맥으로 유통되는 과정에 단전이 천주로 진화되어 감을 말한다.

앞에서 단전은 무극에서 형성되는 단전이 유일하다고 했다. 그렇다면 반극과 태극에서 형성되는 단전은 없는 것인가? 그것은 삼극에서 생성되는 '빛(氣)'의 진화과정을 보면 알 수 있다.

	삼극	二(진화)	三(치화)
五	무극(天)	陽氣 ⇒ 단전화	단전의 천주화
七	반극(地)	陽氣 + 陰氣 ⇒ 陰陽의 氣	陰陽의 氣 ⇒ 지주화
八	태극(人)	天氣 + 地氣 ⇒ 中道의 氣	中道의 氣 ⇒ 인주화

도표에서 보듯 무극에서 '양(陽)의 기운'에 의해 단전이 만들어진 후 단전의 천주화가 이뤄지지만, 반극에선 '음양(陰陽)의 기운'이 곧장 지주를 형성하고 태극에선 '천지(天地)의 기운'에 의한 '중도(中道)의 기운'이 인주를 형성한다.

천부경 일곱 번째 구절 '運三四成環五七'을 풀어 보면 '3단계와 4단계를 운기(運氣)하는 가운데 천주와 지주가 만들어진다'는 것으로 이는 3단계 대맥을 운기하는 과정에 단전이 천주가 되고, 4단계 임·독을 유통시키는 과정에서 '음양의 조화'에 의해 지주가 형성된다는 것이다.

다시 말해 무극에서 생성되는 '양(陽)의 기운'이 단전의 힘에 의해 유통되는 과정에 천주가 만들어지고, '음양(陰陽)의 기운'에 의해 지주가 만들어진다.

주지할 것은 단전이 단지 펌핑 역할을 하는 데 반해 삼주는 '빛(氣)의 창조와 펌핑'이라는 두 가지 역할을 동시에 한다는 것이다.

천주가 만들어지는 과정을 살펴보면 무극에서 생성된 '양의 빛'이 뭉쳐지며 단전으로 진화해 간다. 이 진화는 무극의 교화 작용에 의한 것이다. 단전이 어느 정도 형성되고 나면 무극에서 생성되는 기운이 단전의 힘에 의해 석문을 뚫고 대맥으로 흐르기 시작한다. 이 순환은 무극의 치화 작용에 의한 것이다. 따라서 천주는 무극의 교화와 치화의 과정 속에 형성된다.

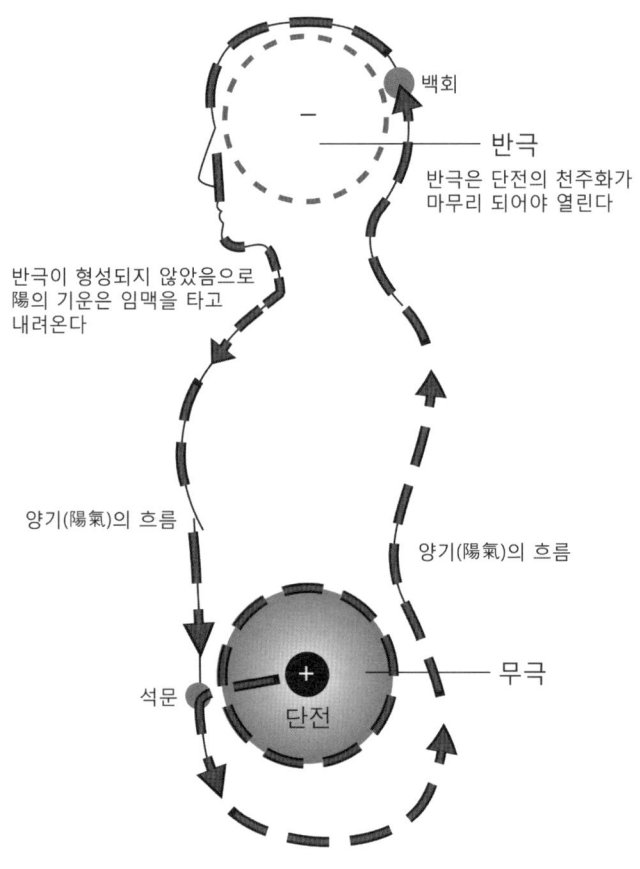

〈임·독 유통〉

임·독 유통을 이룬 후와 이루기 전의 기력을 비교해 보면 하늘과 땅 차이다. 임·독 유통을 이루는 과정에 단전이 그만큼 성장한 것이다.

비록 임·독 유통을 이뤘지만 뚫린 혈맥은 거칠기에 처음 임·독을 유통시키는 데는 보통 하루가 걸린다. 그러나 계속 일주를 시키다 보면 하루가 한 시간이 되고, 한 시간이던 것이 수분 내로 단축되는데, 이것은 단전이 일주 과정에 천주로 진화되어 감에 따라 기력이 기하급수적으로 늘어나기 때문이다.

다시 말하지만 이 모든 과정은 '빛이 수없이 많은 오고감(萬往萬來)' 속에 이뤄지는 것이니 인내심을 갖고 꾸준히 수행을 이어가야 한다. 우리가 살고 있는 지구도 생명이 자랄 수 있는 환경이 조성되기까지 45억 년이 걸렸다. 거기에 비한다면 근기에 따라 다르겠지만 이 경지에 도달하기까지 4~5년이라면 눈 깜박할 순간일 뿐이다.

단전과 천주의 차이를 보면 단전은 무극에서 생성되는 '양의 기운'을 대맥과 임·독맥으로 보내기 위한 단순 펌핑 역할인 데 반해 천주는 무극과 마찬가지로 '도광의 빛'을 만들어낸다. 바로 무극에서 이뤄지던 조화의 창조 작용이 천주에서도 이뤄지는 것이다.

다만 모든 과정은 유기적인 시스템으로 이뤄지기에 5단계는 임·독 유통을 통해 단전이 천주로 진화되는 단계이고, 6단계는 단전이 천주로 진화가 마무리되는 순간을 임·독의 타동으로 보는 것이다.

6. 타동(打動)

천주가 완성되면 반극이 열린다

6단계는 삼도(三途)로서 삼망(三妄)을 다스려 나가는 과정이다. 천부경 여섯 번째에 '大三合六生七八九'란 구절이 있다. 이는 대맥과 임·독 양맥을 모두 뚫고 나면 7, 8, 9단계로 들어가는 길이 열린다는 것으로, 임·독이 타동되고 천주가 완성되면 반극이 열리며 지주(地珠) 인주(人珠) 태주(太珠)를 만들어갈 수 있다는 것이다.

얼핏 보면 6단계는 5단계의 연장선으로 볼 수 있다.

그러나 이렇게 세분화된 것은 6단계가 여러 가지 의미에서 선도 수련의 분기점이기 때문이다.

천부경은 '天地 중도심법'이다. 선도(仙道) 수련의 핵심은 천지 기운의 운용에 있기 때문이다. 따라서 무극의 '天의 기운'에 이어 반극에서 '地의 기운'이 일어나야 비로소 道의 길이 열리는 것이다.

반극이 열린다는 것은 단전이 천주로의 진화가 마무리되어야 함을 전제로 한다. 반극은 地의 자리로 '음(陰)의 기운'이 자생되는 곳이다. 따라서 천주가 완성되어 '천(天)의 기운'이 올라와야 '음양의 조화'를 이룰 수 있기 때문이다.

6단계는 진아(眞我) 즉 '참나'를 찾아가는 과정이다. 무극 속에 깃든 영(靈)은 하늘에서 내려온 조화신이다. 따라서 조화신이 나의 본성(本性)인 것이다. 수많은 구도자와 선지자들이 고행을 하며 찾고자 하는 것이 바로 '참나'인 '본성'인 것이다.

천부경의 선도 수행도 마찬가지다. 나의 본성인 조화신을 찾아 명(命)줄을 쥐고 있는 교화신을 발현시켜 천지(天地) 합일을 통해 우주적 인간인 태일(太一)을 이루고자 함이다.

6단계는 삼도(三途)로 삼망(三妄)을 다스려 삼진(三眞)으로 들어가는 첫 번째 관문(關門, 三門과는 다름)으로, 바로 그 안에 내재된 조화신으로 내려온 본성(本性)을 찾는 것이다.

본성이란 타고난 본래의 성품을 뜻한다. 아기들은 태어날 때 천사 같은 순수함을 지니고 태어나지만, 자라면서 주변 환경의 영향을 받으면서 변하게 마련이다.

따라서 6단계는 성장하면서 오염된 성품을 본래의 심성으로 되돌리는 과정이다. 내 심성이 본래의 성품에 가까워질수록 영(靈)이 밝아진다. 그렇다면 산골에서 외롭게 홀로 자란 아이라면 쉽게 깨달음을 얻을 수 있을까? 그건 또 아니다.

인간은 학습의 동물이다. 교화와 치화의 과정 없이 성장한 아이가 깨달음을 얻기란 힘들다. 설사 깨달음을 얻더라도 그 깊이가 다르다. 이것은 뒤에 인주가 형성되는 과정을 보면 이해가 될 것이다.

심성이 밝고 고울수록 천주는 빨리 완성되는데 이는 천주가 성품에 영향을 받기 때문이다. 처음 생성되기 시작한 단전은 검다. 이것이

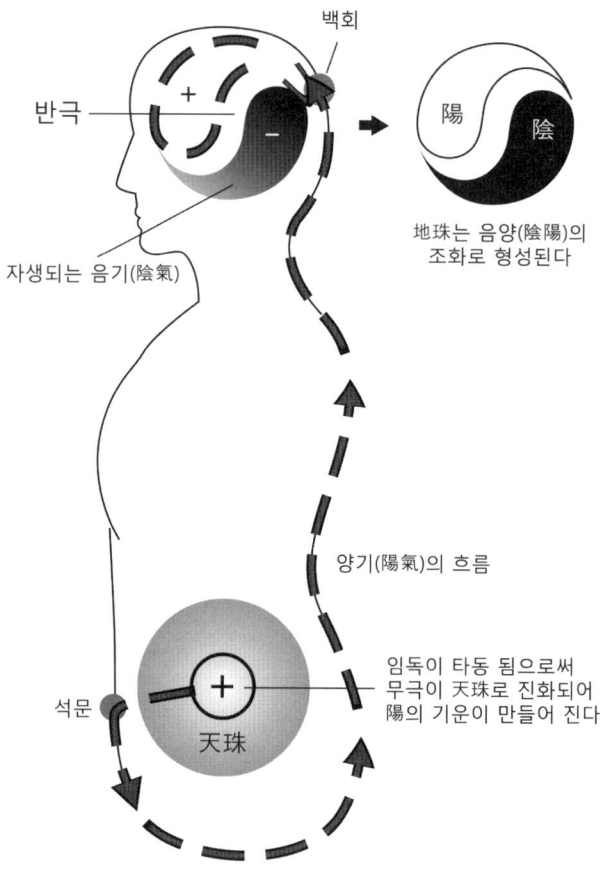

〈반극의 음양조화〉

임·독 양맥을 유통시키는 과정에 빛으로 닦이며 밝아지는 것이다.

　단전호흡 수련할 때 어느 순간 수행자가 아무리 수련을 해도 진척이 없을 때가 있는데 흔히 진기(眞氣)가 생기(生氣)로 변하기 때문이라 생각하기 쉽다. 그러나 이 현상은 어디까지나 수련자의 성품에 따르는 것으로 내 마음이 맑고 깨끗해야 비로소 본성인 조화신이 모습을 드러내는 것이다.

　조심해야 할 것은 본성을 찾아 조화신이 모습을 드러낼 때 하늘로부터 시험이 온다. 여러 가지 형태의 허상이 보이며 수행자를 현혹시키는데 이러한 유혹에 빠져들면 도(道)하고는 거리가 멀어지게 된다.

　이 시험은 사람에 따라 빨리 올 수도 있고 늦게 올 수도 있는데, 한 번은 반드시 거쳐야 할 시련이니 시험에 들 때 조심하고 또 조심해야만 한다.

　천계의 시험을 거치고 나면 비로소 조화신이 모습을 드러낸다.

7. 지주(地珠)

반극이 열리며 음양(陰陽)의 조화가 일어난다

천부경 일곱 번째 구절 '運三四成環五七'에서 보듯 임·독이 타동되어 천주가 완성되면서 반극이 열리고 지주가 형성될 조건이 갖춰졌다. 이에 따라 천주에서 '양(陽)의 기운'이 생성되어 독맥을 타고 올라 반극에 이르러 반극에서 생성되는 '음(陰)의 기운'과 만나 '음양(陰陽)의 조화'가 일어난다. 지주는 바로 이 '음양의 조화'에 의해 만들어지는 빛의 진화로 형성된다.

천주가 완성됨으로써 수행자는 더 이상 호흡에 연연할 필요가 없게 되었다. 천주가 무극의 역할을 대신하며 '양(陽)의 기운'을 생성해내기 때문이다.

대신 수행자는 본격적으로 명상에 들어 참선수행을 병행하며 마음을 닦아 나가야 한다. 이는 지금까지 수행의 자세에서 구도의 자세로 전환함을 의미한다.

수행(修行)과 구도(求道)의 차이를 보면, 수행은 주어진 환경과 조건에 최선을 다하는 것이다. 삿된 행동하지 않고 거짓말하지 않는 소위

'하늘을 우러러 한 점 부끄럼 없는' 마음가짐인 것이다.

그러나 구도는 차원이 다른 문제다. 이성보다는 철학적인 사고로 접근해야 한다. 천주가 하늘에서 내려온 본래의 성품을 찾는 것인 반면, 지주는 땅으로부터 주어진 근본자리인 명(命)을 찾아 나가야 한다. 이것은 소명(召命)이요 운명(運命)이다.

소명은 '부르심'이다. 내가 신의 부름을 받아 이 땅에 보내진 것이니 이 운명에 당당히 맞서나가야만 한다. 이것은 내 삶을 반추해보는 자기 성찰이기도 하다.

'참나'를 찾음으로써 천주에 조화신이 들어섰다면 이번엔 지주에 들어설 교화신인 '자아(自我)'를 찾아야 한다. 자아는 통찰하는 과정 속에 이뤄진다. 이는 보편적인 시각이 아닌 새로운 관점에서 연구하고 탐구하는 과정이다. 그동안의 행위가 경험에 바탕을 둔 직관에 의한 것이었다면 통찰은 사물을 꿰뚫어 본질을 보는 것이다.

눈빛을 보면 그 사람의 마음을 알 수 있다. 그래서 눈을 '마음의 창'이라 한다. 또한 책임감이 없는 사람은 말을 쉽게 한다. 그래서 선도에선 '일언중천금(一言重千金)'을 강조하고 있다.

자신의 말에 책임을 느끼지 않는 사람들은 말을 남발하고, 거짓말 할 때 눈빛이 흔들린다. 사물을 꿰뚫어볼 수 있는 이런 통찰력은 타고난 것이 아니라 길러지는 것이다.

지주가 형성되고 자아(自我)인 교화신을 찾았을 때 심안이 눈을 뜬다. '심안(心眼)'은 사물을 꿰뚫어보는 능력이다. 예수나 석가, 공자 등 선지자들은 모두 이 심안을 통해 사물을 꿰뚫어볼 수 있었던 것이다.

7단계는 바로 자기 통찰인 자아를 찾아 나가는 과정이다.

천주가 완성되고 반극이 열리게 되면 따로 운기를 하지 않더라도 하루에 6번씩 천주에서 '양(陽)의 기운'이 형성된다. 자축시(子丑時) 인묘시(寅卯時) 진사시(辰巳時) 오미시(午未時) 신유시(申酉時) 술해시(戌亥時)다.

자축시는 전날 밤 11:30에서 새벽 3:30, 인묘시는 새벽 3:30에서 7:30, 진사시는 7:30에서 11:30, 오미시는 11:30에서 오후 3:30, 신유시는 오후 3:30에서 오후 7:30, 술해시는 오후 7:30에서 오후 11:30을 말한다.

이렇게 하루 6번씩 만들어지는 '양(陽)의 기운'이 독맥을 타고 올라 백회에 이르러 반극으로 빨려 들어간다. 이렇게 반극에 모이는 '양(陽)의 기운'은 반극에서 자생되는 '음(陰)의 기운'과 만나 '음양(陰陽)의 조화를 이루며 지주를 형성해 간다. 지주가 형성되는 과정은 무극에서 빛에 의해 단전이 형성되어 천주로 진화되는 과정과 같다.

지주가 완성될 때쯤 차가운 기운이 머리에서 목을 타고 아래로 서서히 내려와 가슴과 배를 거쳐 양다리로 내려가 발바닥 끝에 이르러 대지로 스며드는 순간 동그란 구슬이 떨어져 내린다.

바로 지주가 완성된 것이다.

8. 인주(人珠)

天地의 기운이 人珠를 만든다

　지금까지 무극에 천주가 들어서고, 임·독 양맥이 타동되며 반극이 열려 지주가 만들어지는 과정은 철저한 무의식 속에 이뤄졌다면 인주나 태주는 대자연인 만물과 소통하는 가운데 형성되는 만큼 수련의 괘를 달리해야 한다.

　이것은 그동안 의념(意念)으로 행하던 수행을 의지(意志)에 의한 수행 방식으로의 전환을 뜻하며, 또한 주어진 운명에 적극적으로 맞서 나가겠다는 자기의지의 발현이다.

　7단계 수련이 언행을 조심하며 삼도(三途)를 통해 오욕(五慾)에서 벗어나는 것이라면 8단계는 삼도(三途)로 칠정(七情)을 다스려 삼망(三妄)을 극복해 가는 과정이다.

　오욕(五慾)이란 세속적인 인간의 욕망으로 재물욕, 명예욕, 식욕, 수면욕, 색욕을 말하고 칠정(七情)은 오감을 통해 일어나는 감정으로 희(喜) 노(怒) 애(哀) 락(樂) 애(愛) 오(惡) 욕(慾)을 말한다.

　오욕(五慾)이 외부적인 요인에 의한 것이라면 칠정(七情)은 내면에서 일어나는 것이다. 따라서 8단계 수련은 수행자의 마음(心)을 다스려 우주적 인간인 태일(太一)로 들어가기 위한 과정인 것이다.

　천부경 일곱 번째 구절 '運三四成環五七'에서 보듯 대맥과 임·독 양맥을 유통시키는 과정에 천주와 지주가 만들어졌다. 그러나 천주와 지주가 들어섰다고 조화신과 치화신이 바로 모습을 드러내는 것은 아니다. 비로소 조화신과 치화신이 자리할 거처가 마련된 것이다.
　천부경 여덟 번째 구절인 '一妙衍萬往萬來 用變不動本'에서 보듯 그동안 3대 맥인 대맥과 임·독 양맥을 수없이 운기시키며 천주와 지주가 완성돼 천신과 지신이 거주할 궁궐이 지어졌으니 이제 본격적으로 천신(天神)인 조화신(造化神)과 지신(地神)인 교화신(敎化神)을 모셔야 하지 않겠는가?
　8단계는 바로 자아(自我)를 완성시키는 단계로 나를 찾는 여정 속에 조화신과 교화신이 모습을 드러낸다.
　조화신과 교화신은 무의식 속에 찾아지는 것이 아니다. 스스로의 의지로 자신의 육신을 탐구하고 탐색하는 과정 속에 내면에 내재해 있던 천신과 지신이 모습을 드러낸다. 바로 영(靈)과 혼(魂)이다.
　영(靈)은 하늘에서 내려온 것이기에 영(靈)을 찾기 위해서는 천주가 하늘의 기운인 천기(天氣)와 통하게 해야 하고, 땅으로부터 주어진 혼(魂)을 찾기 위해서는 지주가 땅의 기운인 지기(地氣)와 통하도록 해야 하며, 백(魄)을 찾기 위해서는 인주가 공간의 기운인 공기(空氣)와 통해야 한다. 8단계는 바로 사지유통(四肢流通)의 단계인 것이다.

먼저 천주에 조화신을 현신시키기 위해서는 하늘과 소통해야 한다. 천주가 하늘과 소통할 수 있는 곳은 전정이다.

전정은 머리 최상단 부분으로 이 경로는 임·독 유통으로 이미 뚫려 있기에 전정만 열어주면 된다.

심법(心法)으로 무극에서 생성되는 '양(陽)의 기운'을 독맥으로 끌어올려 반극으로 모으면 반극에서 생성되는 '음(陰)의 기운'과 만나 '음양(陰陽)의 기운'으로 변한다.

이 '음양(陰陽)의 기운'으로 전정을 뚫은 후 밖으로 10cm가량 내보냈다 다시 회수해 임맥을 타고 천주로 보낸다.

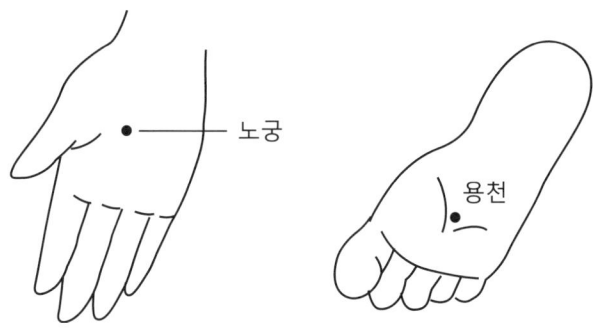

전정을 뚫고 난 다음은 지주와 땅의 연결고리를 형성시켜야 한다. 지주가 땅과 소통할 수 있는 창구는 용천이다. 그리고 인주가 공간과 소통할 수 있는 창구는 노궁이다.

문제는 외부와 소통하는 창구인 팔 다리가 경락의 혈들과 복잡하게 얽혀 있다는 것이다. 따라서 지주와 인주가 외부의 기운과 통하기

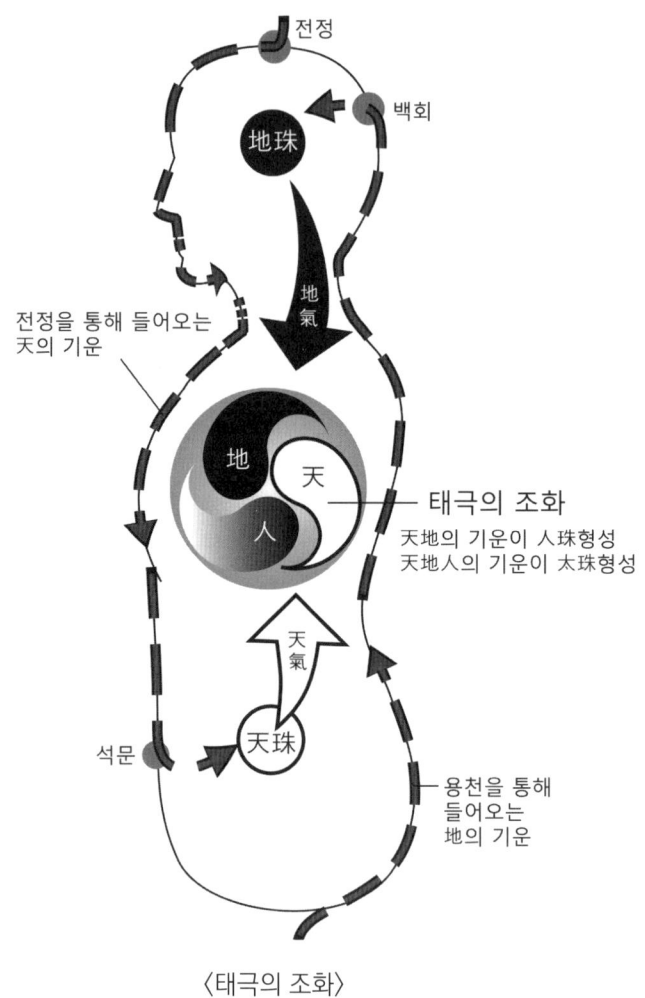

〈태극의 조화〉

위해서는 철저히 의식을 통해 사지(四肢)를 인위적으로 유통시켜 줘야만 한다. 이러한 과정에 팔다리에 분포되어 있는 경혈들이 묶여서 닦여 나간다.

먼저 의식을 사용해 태극에서 형성되는 '천지(天地)의 기운'을 회음으로 모은다. 회음에 기운이 모이면 왼쪽다리로 기운을 보내 발바닥 용천으로 모은다. 기가 모이면 지식을 사용해 용천혈을 뚫어내고 발바닥 밑 대지로 10Cm가량 내려보낸 후 다시 회음까지 끌어올린다. 다음엔 기운을 오른쪽 다리로 보내 똑같은 방법으로 오른쪽 용천혈을 뚫은 후 다시 회음으로 회수해 독맥을 타고 올라 지주로 보낸다.

용천을 뚫고 나면 노궁을 뚫어줘야 한다. 이번엔 '천지(天地)의 기운'을 대추혈로 모은 후 왼쪽 팔 중앙으로 이끌어 손바닥 노궁을 뚫어준 후 10Cm가량 밖으로 내보냈다가 대추혈로 회수한 다음 오른손으로 보내 똑같은 방법으로 노궁을 뚫은 후 태극으로 모은다.

이렇게 사지(四肢)를 모두 뚫고 나면 천주와 지주 그리고 태극이 기의 통로를 인식할 수 있을 때까지 이 과정을 계속 반복해 주어야 한다. 이를 사지유통(四肢流通)이라 한다. 이 사지를 유통시키는 가운데 십이경락과 기경팔맥 중 나머지 5맥이 뚫리며 전신의 혈맥들도 함께 닦여 나간다. 인주는 이 사지를 유통시키는 과정에 만들어진다.

인주가 만들어질 때쯤이면 천주도 전정의 통로를 인식하게 되며 이후 '하늘(天)의 기운'이 전정을 통해 천주로 들어오게 되고, '땅(地)의 기운'이 용천을 통해 지주로 들어오며, '공간(人)의 기운'도 노궁을 통해 인주로 들어오게 된다.

여기서 주의할 것은 '천지(天地)의 기운'과 '천지인(天地人)의 기운'을 혼동하지 말아야 한다. '천지(天地)의 기운'은 천주와 지주에서 형성되는 '음양(陰陽)의 기운'을 말하는 것이고, '천지인(天地人)의 기운'은 전정, 용천, 노궁을 통해 들어오는 天의 기운(天氣), 地의 기운(地氣), 공간의 기운(人氣)을 말한다.

따라서 사지유통을 할 때는 도심을 벗어나 별들이 잘 보이는 곳을 찾아 수련해야 효과가 좋다. 수련할 때는 양발을 어깨 넓이로 벌리고, 두 팔은 자연스럽게 늘어트리고 손바닥을 앞으로 향하게 한다. 고개는 약간 들어 하늘을 바라보는 자세로 호연지기를 기른다. 양발은 가급적 맨발로 땅을 딛고 서야 지기(地氣)를 받아들이기 좋다.

9. 태주(太珠)

天地가 하나 되니 하늘길이 열리다

천부경 아홉 번째 구절에 '昻明人中天地一'이란 말이 있다. 이것을 풀어보면 '천지가 하나 되어 인의 중심에 떠오른다.'는 말로 이는 태주가 어떻게 형성되는지를 보여주는 것이다.

태주는 천지인(天地人) 합일(合一)로 이뤄진다. 그렇다면 천지인 합일은 어떻게 이뤄지는가? 이 해답은 '本心本太陽'에 있다. 이것을 풀어보면 '본래의 심성은 본래 밝은 것'이란 의미로 이는 삼주(三珠)의 삼신(三神)화를 뜻한다.

여기서 '本心'이란 포괄적인 의미로 일신이 삼신으로 내려온 '성명정(姓命精)'을 말한다. 성(性)은 무극에 들어선 조화신을 말하고, 명(命)은 반극에 들어선 교화신을 말하며, 정(精)은 태극에 들어설 치화신을 말하는 것으로 삼극(三極)은 이들 삼신이 들어선 터전이요 삼주(三珠)는 삼신이 들어설 거처인 것이다.

그동안 수련을 통해 삼신의 거처인 천주(天珠) 지주(地珠) 인주(人珠)가 형성되었다. 처음 형성된 삼주(三珠)는 어둡고 검은 빛을 띠게 된다. 이 어두운 것을 태양(太陽)처럼 밝게 닦아야 한다. 이것은 속세에 더럽혀진 몸과 마음과 정신을 깨끗하게 씻어냄으로써 삼신의 본체가 드러나는 것이다.

그런데 이 삼주는 일반적인 기운이나 '음양(陰陽)의 기운'으로는 닦이지 않는다. 오직 '중도(中道)의 기운'으로만 닦아 나갈 수 있다.

이 '중도(中道)의 기운'은 천지인(天地人)의 기운으로 만들어진다. 천지인(天地人)은 대자연인 천지(天地)와 중간계(人世)의 기운을 말하는 것으로 삼주는 이 세 기운의 조화에 의해 닦여지는 것이다.

사지(四肢)가 뚫리며 하늘의 기운이 전정을 통해 천주로 모이면서 천주의 기운은 '양(陽)의 기운'에서 '천(天)의 기운'으로 변하게 되고, 땅의 기운이 용천을 통해 지주로 모이면서 '음(陰)의 기운'이 '지(地)의 기운'으로 변하게 된다. 그리고 노궁을 통해 들어오는 '공간의 기운'이 '인(人)의 기운'을 형성한다.

이 공간의 기운은 인간관계를 통해 찾아진다. 바로 번뇌(煩惱)에 의한 망상이다. 번뇌는 어디서 오는가?

바로 인간관계에서 오는 것이다.

심법을 이용해 이 '세 기운'을 태극으로 모으면, '天地人의 기운'이 태극의 조화작용에 의해 '중도(中道)의 기운'으로 변(進化)한다.

이 '중도(中道)의 기운'은 '음양(陰陽)의 기운'에 비해 한 차원 높은 '도광의 빛'이다.

이렇게 사지가 뚫리며 태극에서 '중도(中道)의 기운'이 형성되기 시작하면 따로 운기를 하지 않더라도 음양의 기운과 마찬가지로 하루에 6번 자축시(子丑時) 인묘시(寅卯時) 진사시(辰巳時) 오미시(午未時) 신유시(申酉時) 술해시(戌亥時)에 태극에서 형성되는 '중도(中道) 기운'이 전신혈맥을 따라 자연 순환됨으로써 수행자는 호흡에 연연할 필요가 없어진다.

따라서 수행자는 이제 완연한 구도(求道)의 자세로 명상에 들어 자신을 반추해보는 시간을 많이 가져야 한다.

과거 자신이 저질렀던 어리석음이나 부끄럽던 행위 등 치부는 물론 그동안 이룩해 놓은 것들에 대한 자부심과 성취감이 대단할 수도 있다.

사실 이렇게 성취감에 고양돼 현실에 만족하는 사람들은 구도(求道)에 관심이 없다. 뒤늦게 수행을 하는 사람들의 대부분은 자신의 인생에 뭔가 허무함을 느끼거나 인생을 진지하게 바라보는 사람들이다.

이런 사람들은 지난 삶이 얼마나 하찮은 것인지 인생의 무상(無常)함을 느끼고 '난 누꼬?' 그리고 '난 뭐꼬?'란 화두에 직면하게 된다.

조화신은 하늘로부터 내려온 영(靈)으로 이는 본래의 성품(性) 속에 깃들어 있고, 교화신은 땅으로부터 주어진 혼(魂)으로 이는 육신(命) 속에 깃들어 있다. 따라서 조화신은 영(靈)으로 내려온 과거세(過去世)에서 찾아야 하고, 교화신은 혼(魂)으로 들어온 현세(現世)에서 찾아야 할 것이다.

본성을 찾기 위한 화두는 '난 누꼬?'이다.

난 어디서 온 누구인가를 통해 타고난 본성인 '참나'를 찾을 때 천주가 밝게 닦이며 조화신이 모습을 드러낸다.

우리가 처음 태어날 때 어떠한 모습이었는가? 그때의 '나'였던 아기는 천사같이 순수했지만 자라면서 주변 환경에 의해 물들며 오염되어 갔다. 바로 '오욕칠정'이다. 이 '오욕칠정'을 다스리는 가운데 나의 본성인 '참나'를 찾을 수 있는 것이다.

'난 누꼬?'가 선천적으로 타고난 본성을 찾는 것이라면, '난 뭐꼬?'는 현재의 나 자신인 '자아'를 찾는 것이다. '자아'를 찾기 위해서는 지나온 자신의 현생을 반추해 봐야 한다.

이렇게 자기 성찰을 통해 진명(眞命)인 '참 자아'를 찾았을 때 지주가 밝게 닦이며 교화신이 모습을 드러낸다.

이렇게 '참나'와 '참 자아'를 찾게 됨에 따라 조화신과 교화신이 모습을 드러냄으로써 '참 인격체'로서 인주(人珠)도 태주(太珠)화되며 비로소 합일(合一)의 단계로 들어가게 된다.

10. 합일(合一)

태일(太一)을 이뤄 선계(仙界)에 들다

앞에서 살펴본 바와 같이 수행자는 각 단계를 통해 한 차원씩 높여가며 마지막 합일(合一)의 단계에 이르렀다. 그 끝에 태일(太一)이 있다. 즉 태일은 삼신(三神)의 본성을 찾아 일신(一神)화된 완전한 인격체를 말한다.

천부경 첫 구절 '一始無'의 '無'가 미증유의 無였다면 마지막 구절인 '一終無'의 '無'는 무아(無我)로 들어가기 위한 無다.

전 단계 태주(太珠)를 통해 '참 인격체'으로서의 '나'를 찾았다면 태일(太一)은 그런 '나'조차 벗어던져 속세에 대한 모든 집착을 끊음으로써 이뤄진다. 이런 무아(無我)는 모든 것을 초월한 해탈(解脫)의 경지인 것이다.

무아(無我)로 가기 위해서는 무념(無念) 무심(無心) 무욕(無慾)으로 내면의 본질(本質)을 찾아야만 한다. 이런 무아에 의한 해탈이 이뤄지면서 진정한 우주적 인간인 '태일(太一)'이 완성되는 것이다.

천부경 아홉 번째 구절의 '昻明人中天地一' 즉 '천지가 하나 되어 인의 중심에 밝게 떠오른다.'는 말은 내 내면의 구석구석을 탐구하여 천주와 지주가 본래의 모습인 '참나'와 '참 자아'를 찾게 됨으로써 조화신과 교화신이 모습을 드러내게 된다.

　조화신이 모습을 드러내면 천주가 흰빛에 둘러싸이며 빛이 난다. 이 빛은 조화신에서 뿜어져 나오는 빛이다. 마찬가지로 교화신이 모습을 드러냄에 따라 지주에서도 빛이 뿜어져 나온다. 이렇게 광체를 발하는 천주와 지주가 서서히 태극으로 이동을 하며 태주와 합일을 이루기 시작한다.

　천지인(天地人) 합일이 이뤄지면 태주가 황금색으로 변하며 그 속에서 수행자의 모습이 서서히 드러난다. 바로 삼주(三珠)가 태일(太一)화된 것이다. 이 형상은 빛으로 된 도체(道體)이다. 도체가 완성되면 이 도체는 마침내 두정을 열고 하늘에 올라 선계로 들게 된다.

부록 / 삼일신고(三一神誥) 366자

| 부록 |

삼일신고(三一神誥) 366자

제일장 허공 삼십육자
第一章 虛空 三十六字

제왈 이오가중 창창비천 현현비천
帝曰 爾五加衆 蒼蒼非天 玄玄非天

천무형질 무단예 무상하사방 허허공공 무부재 무부용
天无形質 无端倪 无上下四方 虛虛空空 无不在 无不容

천제께서 이렇게 말씀하셨다. 너희 오가 백성들아! 저 푸르고 푸른 것이 하늘이 아니며, 저 아득하고 아득한 것도 하늘이 아니니라. 우주는 형체나 바탕이 없고 끝도 없어 위아래나 사방이라 할 수도 없느니라. 텅 빈 공간이나 존재하지 않는 것이 없고, 수용하지 않는 것도 없느니라.

제이장 일신 오십일자
第二章 一神 五十一字

신재무상일위 유대덕대혜대력 생천 주무수무세계
神在無上一位 有大德大慧大力 生天 主無數無世界

조신신물 섬진무루 소소령령 불감명량
造牲牲物 纖塵無漏 昭昭靈靈 不敢名量

성기원도 절친견 자성구자 강재이뇌
聲氣願禱 絶親見 自性求子 降在爾腦

  상제님은 위가 없는 으뜸 자리(태을성)에 계시어 큰 덕과 큰 지혜와 위대한 힘으로 우주를 생겨나게 하시고, 헤아릴 수 없이 많은 은하계를 주재하시느니라.

  많고 많은 것을 만드시되 티끌만한 것이라도 소홀함이 없고, 무한히 밝고 신령하시어 감히 이름 지어 헤아릴 수 없느니라.

  소리와 기운으로만 기도하면 상제님을 친견할 수 없으리니, 너의 타고난 삼신의 본성에서 진리의 열매를 구하여라. 그러면 상제님의 성령이 너희 머리에 내려오시리라.

제삼장 천궁 사십자
第三章 天宮 四十字

천신국 유천궁 계만선 문만덕 일신유거
天神國 有天宮 階萬善 門萬德 一神攸居

군령제철 호시 대길상대광명처
羣靈諸喆 護侍 大吉祥大光明處

유성통공완자 조영득쾌락
惟性通功完者 朝永得快樂

태을성은 상제님이 계시는 나라이니라. 여기에 천상의 궁전이 있어 수없이 많은 선으로 섬돌을 쌓고, 수없이 많은 덕으로 문을 삼으니, 으뜸인 상제님이 계신 곳이다.
뭇 신령과 철인이 모시고 있어, 크게 길하고 상서로우며 매우 밝게 빛나는 곳이라 오직 본성에 통하고 공력을 이룬 자라야 들어와 영원한 즐거움을 얻으리라.

제사장 세계 칠십이자
第四章 世界 七十二字

이관삼열성신 수무진 대소명암 고락부동
爾觀森列星辰 數无盡 大小明暗 苦樂不同

일신조군세계 신칙일세사자 할칠백세계 이지자대 일환세계
一神造羣世界 神勅日世使者 舝七百世界 爾地自大 一丸世界

중화진탕 해환육천 내성견상
中火震盪 海幻陸遷 乃成見像

신가기포저 후일색열 행저화유재물번식
神呵氣包底 煦日色熱 行翥化游栽物繁殖

너희는 무수히 널려있는 저 별들을 보아라. 그 수가 끝이 없고, 크고 작고, 밝고 어두운 것이 괴로움과 즐거움 같지 않은가.

상제님이 뭇 세계를 지으시고 그중에 광명세계(지구)를 맡은 사자에게 명을 내려 700 나라를 거느리게 하셨으니, 너희 땅 그 자체는 큰 것처럼 보이나 하나의 둥근 환만 한 세계이니라.

내부에서 불덩어리가 터지고 퍼져 바다로 변하고 육지가 되니 마침내 보는바 같은 형상이 되었느니라.

상제님이 밑바닥까지 기운을 불어 넣어 빛과 열로 태양같이 따듯하게 하니 땅 위를 걷거나, 하늘을 날고, 탈바꿈하고, 물속에 살고, 땅에 뿌리 내린 온갖 만물이 번식하였느니라.

제오장 인물 일백육십칠자
第五章 人物 一百六十七字

인물동수삼진 유중미지 삼망착근 진망대작삼도
人物同受三眞 惟衆迷地 三妄着根 眞妄對作三途

왈성명정 인전지물편지
曰性命精 人全之物偏之

진성선무악상철통　진명청무탁중철지　진정후무박하철보　반진일신
眞性善无惡上喆通　眞命淸无濁中喆知　眞精厚无薄下喆保　返眞一神

왈심기신　심의성　유선악　선복악화
曰心氣身　心依性　有善惡　善福惡禍

기의명　유청탁　청수탁요　신의정　유후박　후귀박천
氣依命　有淸濁　淸壽濁夭　身依精　有厚薄　厚貴薄賤

왈감식촉　전성십팔경　감희구애노탐염
曰感息觸　轉成十八境　感喜懼哀怒貪厭
식분란한열진습　촉성색취미음저
息芬爛寒熱震濕　觸聲色臭味淫抵

중선악청탁후박상잡　종경도임주　타생장소병몰고
衆善惡淸濁厚薄相雜　從境途任走　墮生長消病歿苦

철지감조식금촉　일의화행　개망즉진　발대신기　성통공완시
喆止感調息禁觸　一意化行　改妄卽眞　發大神機　性通功完是

　사람과 만물이 다 같이 삼진을 부여받았으나, 지상에 사는 것 중 오직 사람만이 미혹되어 삼망이 뿌리를 내려 삼진이 삼망에 의해 삼도의 변화를 짓게 된다.
　천제께서 다시 말씀하셨다. 삼진은 성품과 목숨과 정기니, 사람은 이를 온전히 다 부여받았으나 만물은 치우치게 받았느니라.

참된 성품은 선하여 악함이 없으니 상철로 통하고, 참된 목숨은 맑아 흐림이 없으니 중철로 깨달으며, 참된 정기는 후덕하여 천박함이 없으니 하철로 보호해야 하느니 이 삼진을 잘 닦아 본연의 모습으로 돌아갈 때 상제님의 조화세계에 들어갈 수 있느니라.

또 말씀하셨다. 삼망은 마음과 기운과 몸이니라. 마음(心)은 타고난 성품에 뿌리를 두지만 선과 악이 있으니 마음이 선하면 복을 받고 악하면 화를 받느니라.
기(氣)는 타고난 삼신의 영원한 생명에 뿌리를 두지만 맑음과 탁함이 있으니, 기운이 맑으면 장수하고 혼탁하면 일찍 죽느니라. 몸(身)은 정기에 뿌리를 두지만 후덕함과 천박함이 있으니, 자신의 정기를 잘 간직해 두텁게 하면 귀해지고 정기를 잃으면 천박해 지느니라.

또 말씀하셨다. 삼도는 느낌(感)과 호흡(息)과 촉감(觸)의 작용이니라. 이것이 다시 변화하여 열여덟 가지 경계를 이루나니, 느낌에는 기쁨과 두려움과 슬픔과 노여움과 탐욕과 싫어함이 있고, 호흡에는 향내와 탄내, 차가움과 더움, 마름과 젖음이 있고, 촉감에는 소리와 빛깔과 냄새와 맛과 음탕함과 접함이 있느니라.

중생은 마음의 선악과 기운의 맑고 탁함과 몸의 후덕함과 천박함이 뒤섞여 제 멋대로 살아가니 태어나 자라면서 늙고 병들어 죽는 고통에 시달리게 되느니라.
그러나 철인은 감정을 절제(止感)히고, 호흡을 고르게(調息)하며, 접촉을 최소화(禁觸)하여 오로지 일심으로 행해야만, 삼망을 바로 잡고 삼진으로 나아가 내 안에 내재된 삼신의 거대한 기운을 발현시켜 본래의 성품을 깨달음으로 공력을 완수할 수 있느니라.

제1장 허공은 우주에 관한 것이다.

우주는 형체나 바탕이 없고 끝도 없다. 텅 빈 공간이나 존재하지 않는 것이 없다.

제2장 일신은 이 우주를 창조한 조물주에 관한 것이다.

그분이 계신 으뜸자리는 북극성인 태을성을 가리킨다. 하늘의 모든 별들은 이 북극성을 중심으로 돌기에 으뜸자리인 것이다. 태을성은 소리와 기운으로만 기도해서는 들어갈 수 없고, 오직 삼신의 본성을 깨우쳐 영성을 회복해야만 들어갈 수 있다.

제3장 천궁은 상제님이 주재하고 계신 태을성을 묘사한 것이다.

이곳은 오직 본성을 깨우친 자만이 들어와 영원한 안식을 취할 수 있다.

제4장 세계는 우주와 지구 창조에 관한 것이다.

조물주가 창조한 수많은 우주 속에 하나인 지구에 환인이 내려와 700 나라를 다스리게 하셨다. 무엇보다 놀라운 것은 우주에서 내려다 본 지구의 모양과 지구 생성과정이 리얼하게 묘사돼 있는 것이다.

제5장 인물은 조물주가 창조한 세계 속의 피조물인 인간이 어떻게 하면 본성을 회복해 상제님이 계신 태을성에 들어갈 수 있는지를 구체적으로 밝혀 놓았다.

글을 마치며

　필자가 천부경을 연구하고 해독하면서 느낀 것은 그동안 당연시 되어왔던 상식들이 뒤집어지고 있다는 것이다.
　천부경(天符經)은 삼일신고(三一神誥) 참전계경(參佺戒經)과 함께 신교의 3대 경전이다. 천부경엔 인간이 삼신(三神)의 도리를 깨우쳐 하늘에 오르는 길을 81자 속에 함축시켜 놓았다.
　삼일신고는 조물주의 우주창조와 함께 인간이 나아갈 길을 제시하고 있다. 특히 5장 인물편은 삼일신고가 왜 천부경의 수행서인지를 여실히 보여주고 있다.
　4장은 우주 창조에 관한 것이다. 현대의 과학으로도 우주의 모습을 정확하게 밝혀낸 것이 100년도 안 되었다. 지구가 둥글다고 주장했던 갈릴레이 갈릴레오가 죽은 지 불과 380년 전이다. 그런데 6,000년 전 쓰여진 문헌 속에 지구의 모습과 생성과정이 생생하게 묘사돼 있는 것을 어찌 볼 것인가?
　또한 삼일신고엔 인간이 천부경을 통해 영성을 회복하는 방법을 구체적으로 제시하고 있다. 우주의 신비에 비하면 티끌만큼도 안 되는 인류의 지식으로 입증되지 않았다는 이유로 천부경에 나와 있는 조화신성의 원리인 氣의 숨결을 무시해 버려도 될 것인가?

미국의 인류학자인 월터 에바스베트가 티벳을 방문했을 때 티벳 경전인 바르도 퇴돌을 발견하고 1927년 〈사자(死者)의 서〉로 번역 출간했을 때 전 세계는 충격에 빠졌다.

월터가 번역한 〈사자의 서〉는 단지 죽은 자를 인도하는 주술적 주문에 불과했지만, 철학계에 던져진 화두는 간단치가 않았다. 그동안 서양철학은 존재에 대해서만 다뤘지 죽은 자를 위한 사후의 세계에 대해선 관심이 없었다. 그건 서양의 종교적 특성 때문이기도 했다.

그런데 〈사자의 서〉로 사후의 세계에 대한 관심이 고조되면서 비로소 선(禪)이나 명상, 사두 등 동양의 정신세계에 눈을 뜨기 시작했다. 토인비가 20세기 최대의 사건을 '동양의 불교가 서양에 전해진 것'이라 꼽았을 정도다.

인류의 역사가 서양을 중심으로 물질문명이 발달된 데 비해 동양에선 정신문명이 주류를 이뤘다. 천부경은 그런 동양사상의 총수이며 한민족 고유의 정신문화 유산이다. 그럼에도 불구하고 고조선 이후 우리 민족은 수많은 외침을 당하며 우리 역사까지도 왜곡되어 버렸다.

하늘의 백성인 우리 민족에게 이런 시련을 안겨준 것은 선천(先天)의 주역이었던 배달의 민족으로 하여금 후천을 예비케 하는 산고의 고통이었을까? 하늘이 법을 내릴 때는 그 시대의 인류가 가진 의식 수준을 보고 그에 맞는 법을 내린다 하였다.

서울올림픽이 열렸던 1988년은 단기로 4321년 되던 해였다.

4321의 숫자를 모두 합하면 10수가 된다. 10은 완성을 뜻하는 수다. 그리고 다시 1부터 시작된다. 그래서 도를 추구하는 사람들은 1988년을 후천이 열린 시기로 보고 있다.

9,000년 인류의 역사에서 선천의 시대가 끝이 나고 후천의 세계로 들어서며 하늘의 광명민족인 한민족에게 비로소 서광이 비치기 시작한 것이다.

이제 후천의 세상을 맞아 홍산문화가 발굴되며 배달의 실체가 밝혀짐에 따라 천부경(天符經)도 깨어나고 있다. 이에 천부경과 함께 하늘이 내린 심법(心法)을 풀어 세상에 전하니 모두 영성(靈性)을 회복해 하늘에 오르기를 바란다.

단기4355년, 후천34년, 서기2022년 7월
운곡정신문화연구원에서
지은이

책을 집필하고, 만들고, 읽는 사람들이 함께 모여 협동조합을 만들었습니다. 부지런히 한마음 한 뜻이 되기 위해 노력하면서 새로운 책 문화를 만들어 나갈 수 있도록 해보겠습니다. 한 번 조합원으로 가입하시면 가입 이후 modoobooks(모두북스)에서 출간하는 모든 책을 평생 동안 무료로 받아 볼 수 있습니다.

***조합가입비** (1구좌) 500,000원
***조 합 계 좌** 농협 355-0048-9797-13 모두출판협동조합
***조합연락처** 전화 02)2237-3316 팩스 02)2237-3389
이메일 ssbooks@chol.com

조합원

강석주 강성진 강제원 고수향 권 유 김완배 김욱환 김원배 김정응 김종탁 김철주 김헌식 김효태 도경재 문 웅 박성득 박정래 박주현 박지홍 박진호 박평렬 서용기 성낙준 성효은 신광영 심인보 양영심 오대환 오신환 오원선 옥치도 원진연 유별님 유영래 이승재 이영훈 이재욱 이정윤 이지행 임민수 임병선 전경무 정병길 정은상 조현세 채성숙 채한일 최중태 허정균 홍성기 황우상

법인 조합원

㈜농업회사법인 포프리(대표 김회수)/ ㈜농업회사법인 길선(대표 이동현)/ ㈜디자인 아이넥스 (대표 이지행)